絵トレ英単語1000+

アルク 出版編集部 著

田中麻里子 絵

アルク

はじめに

　日常的なことが英語で言えたらいいのにと思うこと、多いですよね。なのに、コンビニやスーパー、オフィス、街中など、毎日の生活で目にするものを英語で言おうとすると、意外と口から出てこない、といったことはありませんか。

　また、海外から来た人に日本のことを英語で説明したいのに、身の回りのものを指す英語がわからない、これって和製英語じゃないのかな、と自信が持てないとか……。

　本書は、日常生活やレジャーなど、身近な65シーンの絵の中のものを、日本語や英語の頭文字をヒントに英語で言ってみる、トレーニング形式の単語集です。ダウンロード音声もあるので、発音をまねて、「カタカナ発音」では通じない英語を「通じる英語」にしましょう。単語を使った身近なフレーズもたくさん紹介しています。

　シーンごとに、「あ〜、これ何て言うんだっけ？」→「あ、こう言うのか！」というワンクッションがあることで、より記憶に残ります。楽しく「使える英語」を増やしてください。

アルク　出版編集部

本書の使い方

1 絵の中の番号と同じ番号の日本語を見て、英語で言ったり、書いたりしてみましょう。

本書ではアメリカ英語での言い方を紹介しています。日本に特有なもので決まった英語がないものは、内容を表す英語を掲載しています。また、例えば「バイト」など絵だけで表しづらいものは、日本語と合わせて表しています。

> 赤い帽子をかぶった妖精Lalaをさがして、どこにいるか、何をしているか、英語で言ってみましょう。

A Convenience Store
コンビニ

❶ 自動ドア a　　　　 d
❷ チケット t
❸ マルチコピー機 m　　　 c
❹ 雑誌 m
❺ 入れ立てコーヒー f　　 b　　 c
❻ 軽食 s
❼ 店員 s　　　 c
❽ レジ c　　　 r
❾ 宅配便
❿ レジ袋 p　　　 b

⓫ おにぎり r　　 b
⓬ ミックスサンド a　　　　 s
⓭ 弁当 b
⓮ スイーツ d
⓯ 飲み物 b
⓰ 日用品 d　　 n
⓱ 缶ビール c　　　 b
⓲ バイト p　　 -t
⓳ 菓子パン s　　 b
⓴ カップ麺 i　　 n
㉑ せんべい

🎧 ダウンロード音声について　本書の音声は無料でダウンロードできます。

パソコンでダウンロードする場合

下記の「アルク ダウンロードセンター」にアクセスの上、画面の指示に従って音声ファイルをダウンロードしてください。

https://portal-dlc.alc.co.jp/
※本書の商品コード「**7023042**」で検索してください。

スマートフォンでダウンロードする場合

下記のURLから学習用アプリ「booco」をインストールの上、ホーム画面下「さがす」の検索窓に本書の商品コード「**7023042**」を入れて検索し、音声ファイルをダウンロードしてください。

https://booco.page.link/4zHd

2

Answersで英語を確認し、音声をまねて言ってみましょう。

英語は単数形で表していますが、通例複数形で使われるものは複数形のみを掲載しています。また「せんべい」など、1袋に複数入っているものや、「靴」など2つで1セットのもの、絵の中で複数のものがまとめて描かれていて、複数形で表すほうが自然な場合は、複数形を掲載しています。

🎧 **001** は「ダウンロード音声のファイル001を再生してください」という意味です。音声には、Answers と Collocation Quiz の単語やフレーズ、文が「日本語→英語」の順で収録されています。

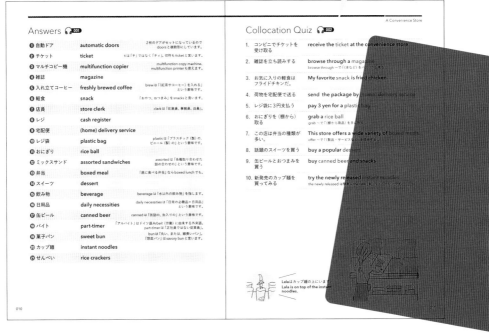

3

Collocation Quizを付属の赤シートで隠し、日本語のフレーズや文を英語で言ってみましょう。英語を確認したら、音声をまねて言ってみましょう。

Collocation Quiz では、各シーンに描かれていない様子も含め、使いやすいフレーズや文を紹介しています。日本語の意味を表す英語例を紹介しており、日本語の逐語訳的な英語にはなっていない場合もあります。Lalaがどこにいるか、何をしているかも、英語で言えたか確認してくださいね！

*本書の絵、扱っている単語やフレーズ、文は、2023年制作時の状況に基づいています。単語やフレーズを1シーンにおさめるために、また、わかりやすく伝えるために、絵の内容は現実のシーンやものとは異なる場合があります。

Contents
目次

レジャー・趣味

身の回り

交通・街

日本の12カ月

A Convenience Store
コンビニ

① 自動ドア　a　　　　　d

② チケット　t

③ マルチコピー機

　　m　　　　　c

④ 雑誌　m

⑤ 入れ立てコーヒー

　　f　　　b　　　c

⑥ 軽食　s

⑦ 店員　s　　c

⑧ レジ　c　　r

⑨ 宅配便

　　(h　　)d　　　　　s

⑩ レジ袋　p　　　b

⑪ おにぎり　r　　　b

⑫ ミックスサンド

　　a　　　　　s

⑬ 弁当　b　　　m

⑭ スイーツ　d

⑮ 飲み物　b

⑯ 日用品　d　　　n

⑰ 缶ビール　c　　　　b

⑱ バイト　p　　-t

⑲ 菓子パン　s　　　b

⑳ カップ麺　i　　　n

㉑ せんべい　r　　c

Answers 🎧 001

❶ 自動ドア	**automatic doors**	2枚のドアがセットになっているので doorsと複数形にしています。
❷ チケット	**ticket**	tiは「チ」ではなく「ティ」。切符もticketと言います。
❸ マルチコピー機	**multifunction copier**	multifunction copy machine、multifunction printer も使えます。
❹ 雑誌	**magazine**	
❺ 入れ立てコーヒー	**freshly brewed coffee**	brewは「(紅茶やコーヒー)を入れる」という意味です。
❻ 軽食	**snack**	「おやつ、おつまみ」を snacks と言います。
❼ 店員	**store clerk**	clerk は「従業員、事務員、店員」。
❽ レジ	**cash register**	
❾ 宅配便	**(home) delivery service**	
❿ レジ袋	**plastic bag**	plasticは「プラスチック(製)の、ビニール(製)の」という意味です。
⓫ おにぎり	**rice ball**	
⓬ ミックスサンド	**assorted sandwiches**	assortedは「各種取り合わせた、詰め合わせの」という意味です。
⓭ 弁当	**boxed meal**	「昼に食べる弁当」なら boxed lunch でも。
⓮ スイーツ	**dessert**	
⓯ 飲み物	**beverage**	beverage は「水以外の飲み物」を指します。
⓰ 日用品	**daily necessities**	daily necessities は「日常の必需品＝日用品」という意味です。
⓱ 缶ビール	**canned beer**	canned は「缶詰の、缶入りの」という意味です。
⓲ バイト	**part-timer**	「アルバイト」はドイツ語 Arbeit (労働) に由来する外来語。part-timer は「正社員ではない従業員」。
⓳ 菓子パン	**sweet bun**	bun は「丸い、または、細長いパン」。「惣菜パン」は savory bun と言います。
⓴ カップ麺	**instant noodles**	
㉑ せんべい	**rice crackers**	

Collocation Quiz 🎧 002

1. コンビニでチケットを
   受け取る
   receive the ticket at the convenience store

2. 雑誌を立ち読みする
   browse through a magazine
   browse through 〜で「(本など) をパラパラと見る」。

3. お気に入りの軽食は
   フライドチキンだ。
   My favorite snack **is fried chicken.**

4. 荷物を宅配便で送る
   send the package by (home) delivery service

5. レジ袋に3円支払う
   pay 3 yen for a plastic bag

6. おにぎりを (棚から)
   取る
   grab a rice ball
   grab 〜で「(棚から商品) を手に取る」。

7. この店は弁当の種類が
   多い。
   This store offers a wide variety of boxed meals.
   offer 〜で「(製品・サービスなど) を提供する」。

8. 話題のスイーツを買う
   buy a popular dessert

9. 缶ビールとおつまみを
   買う
   buy canned beer **and** snacks

10. 新発売のカップ麺を
    買ってみる
    try the newly released instant noodles
    the newly released は簡単に the new (新しい) でもいいです。

Lalaはカップ麺の上にいます。
Lala is on top of the instant
noodles.

011

A Supermarket
スーパー

① 冷凍食品　f　　　　f

② サケの切り身　s　　　　f

③ 牛豚合いびき肉

　am　　o　g　　　　b

　a　　p

④ 缶詰　c　　　f

⑤ 割引商品　o　-s　　i

⑥ 買い物リスト　s　　　　　l

⑦ 買い物かご　s　　　　　　b

⑧ ショッピングカート　c

⑨ 青果売り場　p　　　　　　s

⑩ ～を衝動買いする

　i　　　　　　b　～

⑪ 惣菜　p　　　　　f

⑫ 通路　a	⑱ クレジットカード　c　　c
⑬ パン　b	⑲ 客　c
⑭ 期間限定	⑳ レジ係　c
l　　t　　o	㉑ お釣り　c
⑮ 調味料　s　　　/c	㉒ 現金　c
⑯ 乳製品　d　　p	㉓ エコバッグ　r　　b
⑰ セルフレジ　s　- c	㉔ 値段　p

Answers 🎧 003

❶ 冷凍食品　　　　　frozen food

❷ サケの切り身　　　salmon fillets

filletは「(魚・肉の) 骨のない切り身」。絵では1パックに2切れ入っているのでfilletsと複数形にしています。

❸ 牛豚合いびき肉　　a mix of ground beef and pork

groundは動詞のgrind (「~をひく」) の過去分詞が形容詞になったもの。grind coffee for a paper filterで「ペーパーフィルター用にコーヒー豆をひく」。

❹ 缶詰　　　　　　　canned food

「ツナの／コーンの／モモの (スライスの) 缶詰」は、canned tuna / corn / sliced peaches です。

❺ 割引商品　　　　　on-sale items

on-saleは「割引価格で販売されている」、itemは「商品」という意味です。

❻ 買い物リスト　　　shopping list

❼ 買い物かご　　　　shopping basket

❽ ショッピングカート　cart

❾ 青果売り場　　　　produce section

produceは「農産物」、sectionは「(仕切られた) 場所」。

❿ ～を衝動買いする　impulsively buy ~

impulsivelyは「衝動的に」という意味です。

⓫ 惣菜　　　　　　　prepared foods

preparedは「あらかじめ調理された」という意味です。

⓬ 通路　　　　　　　aisle

⓭ パン　　　　　　　bread

⓮ 期間限定　　　　　limited time offer

limitedは「限定の」、timeは「期間」、offerは「提供」という意味です。

⓯ 調味料　　　　　　seasonings/condiments

seasoningは料理中に、condimentは出来上がったものに「味をつけるもの」。

⓰ 乳製品　　　　　　dairy products

⓱ セルフレジ　　　　self-checkout

checkoutは「(スーパーなどの) レジ」。

⓲ クレジットカード　credit card

「クレジットカードで支払う」は pay with my credit card。

⓳ 客　　　　　　　　customer

⓴ レジ係　　　　　　cashier

checkerとも言います。

㉑ お釣り　　　　　　change

㉒ 現金　　　　　　　cash

㉓ エコバッグ　　　　reusable bag

reusableは「再使用できる」という意味です。

㉔ 値段　　　　　　　price

Collocation Quiz  🎧 **004**

1. 夕飯用にサケの切り身を
2切れ買う
buy two salmon fillets **for dinner**

2. ハンバーグを作るのに
牛豚合いびき肉を買う
buy a mix of ground beef and pork **for making hamburgers**

3. 缶詰をまとめ買いする
stock up on canned food
stock up on ～で「～を買いだめする」という意味です。

4. 冷凍食品売り場で
割引商品を買った。
I bought some on-sale items **in the frozen food** section.

5. 買い物リストを
確認する
check my shopping list

6. 惣菜を衝動買いする
impulsively buy some prepared foods

7. 乳製品が値上がりした。
Dairy products have increased in price.

8. セルフレジを使う
use a self-checkout

9. 現金で支払う
pay in cash
「電子マネーで支払う」は pay with electronic money。

10. エコバッグを持参する
bring my reusable bag

Lalaは買い物かごの中にいます。
Lala is inside the shopping basket.

A Drugstore/Pharmacy

ドラッグストア・薬局

① のどあめ　t　　　　l

② 綿棒　c　　　s

③ ばんそうこう

　a　　　　b

④ 使い捨てカイロ

　d　　　b　　w

⑤ 消毒液　d　　　　s

⑥ ウエットティッシュ　w　　w

⑦ 化粧品　c

⑧ リップクリーム　l　　b

⑨ 日焼け止め　s

⑩ ハンドクリーム　h　　　c

⑪ 制汗剤　a

⑫ 頭痛薬　h　　　　　m

⑬ 解熱剤　a

⑭ 風邪薬　c　　m

⑮ 体温計　t

⑯ 不織布マスク

　　n　　　　　m

⑰ 目薬　e

⑱ 漢方薬　t

　　C　　　　m

⑲ トイレットペーパー

　　t　　p

⑳ 処方箋　p

㉑ 薬剤師　p

Answers 🎧 005

1 のどあめ　　throat lozenges　　throat は「のど」、lozenge は「薬用キャンディー、トローチ」。cough drops とも言います。

2 綿棒　　cotton swabs

3 ばんそうこう　　adhesive bandages　　adhesive は「粘着性の」、bandage は「包帯」。Band-Aids とも言います。

4 使い捨てカイロ　　disposable body warmers　　「使い捨ての」は disposable と言います。heat packs とも言います。

5 消毒液　　disinfectant solution　　disinfectant は「消毒用の」、solution は「溶液」。「手指消毒剤」は hand sanitizer。

6 ウエットティッシュ　　wet wipes　　wet は「ぬれた」、wipe は「拭くこと」。

7 化粧品　　cosmetics

8 リップクリーム　　lip balm　　「口紅」は lipstick。

9 日焼け止め　　sunscreen　　より強力な「日焼け止め」は sunblock と言います。

10 ハンドクリーム　　hand cream

11 制汗剤　　antiperspirant　　deodorant も使われます。

12 頭痛薬　　headache medicine　　headache は「頭痛」、medicine は「薬」。

13 解熱剤　　antipyretic

14 風邪薬　　cold medicine　　「風邪」は cold。

15 体温計　　thermometer

16 不織布マスク　　nonwoven mask

17 目薬　　eyedrops　　drops は「(目・鼻・耳などの) 点薬」。

18 漢方薬　　traditional Chinese medicine

19 トイレットペーパー　　toilet paper

20 処方箋　　prescription

21 薬剤師　　pharmacist

Collocation Quiz 🎧 006

1. 携帯用のウエットティッシュ　**portable wet wipes**
   travel-sized wet wipes とも言えます。

2. リップクリームを塗る　**apply lip balm**
   「（薬、化粧品）を塗る」は apply 〜。

3. 日焼け止めを塗る　**apply sunscreen**
   put on sunscreen（日焼け止めをつける）もよく使う表現です。

4. 制汗剤を使う　**use an antiperspirant**

5. 頭痛薬を服用する　**take some headache medicine**
   「（薬）を服用する」は take 〜。

6. 体温計で体温を測る　**measure one's body temperature with a thermometer**

7. 不織布マスクをつけている　**wear a nonwoven mask**
   「〜を身につけている」は wear 〜。

8. 目薬を使う　**use some eyedrops**

9. 2枚重ねのトイレットペーパー　**two-ply toilet paper**
   ply は「層」という意味。

10. 薬剤師に処方箋を渡す　**hand a prescription to the pharmacist**

Lalaは風邪薬の後ろにいます。
Lala is behind the cold medicine.

A Gift Shop
お土産物屋

❶ マグネット　f　　　m

❷ キーホルダー　k

❸ ゆるキャラ　m　　　(c　　　)

❹ 箸置き　c　　　r

❺ ミニチュア食品サンプル
　　m　　　f　　　r

❻ お香　i

❼ 手ぬぐい　c　　　h　　　t

❽ 入浴剤　b　　　s

❾ 風呂敷　t
　　J　　　w　　　c

❿ がま口　c　　　p

⓫ 個包装の　i　　　w

⓬ 賞味期限　e　　　d

⑬ 手工芸品　h	⑲ 和菓子　J　　　　s
⑭ 扇子　f　　　f	⑳ 漬物　p
⑮ 地域限定の	㉑ ご当地グルメ　l　　　s
r　　　l	㉒ プレゼント包装
⑯ 置物　o	g　　w
⑰ 陶器　p	㉓ 定番商品
⑱ 名物　s	s　　　　o　t　s

Answers 🎧 007

❶ マグネット	**fridge magnet**		fridge は「冷蔵庫」。 magnet は ma にアクセントがあります。
❷ キーホルダー	**keychain**		key ring とも言います。
❸ ゆるキャラ	**mascot (character)**		
❹ 箸置き	**chopstick rest**		rest は「（物・手足などを載せるための）台、 支え」。
❺ ミニチュア食品サンプル	**miniature food replica**		
❻ お香	**incense**		「線香」は an incense stick。
❼ 手ぬぐい	**cotton hand towel**		
❽ 入浴剤	**bath salts**		「つぶつぶ」のものは bath salts、 「ボール状」のものは a bath bomb。
❾ 風呂敷	**traditional Japanese wrapping cloth**		wrap は「〜を包む、〜を包装する」。
❿ がま口	**coin purse**		
⓫ 個包装の	**individually wrapped**		individually は「個別に」。
⓬ 賞味期限	**expiration date**		expiration は「（期間などの）終了」。
⓭ 手工芸品	**handicrafts**		
⓮ 扇子	**folding fan**		folding は「折り畳み式の」、fan は「扇」。
⓯ 地域限定の	**regional limited**		
⓰ 置物	**ornament**		
⓱ 陶器	**pottery**		
⓲ 名物	**specialty**		specialty は「名物、名物料理」。
⓳ 和菓子	**Japanese sweets**		
⓴ 漬物	**pickles**		「〜の漬物」は pickled 〜 と言います （pickled turnips〈カブの漬物〉）。
㉑ ご当地グルメ	**local specialties**		gourmet は「美食家」を意味します。
㉒ プレゼント包装	**gift wrapping**		
㉓ 定番商品	**specialty of the shop**		shop は store など、 お店に合わせて言い換えます。

Collocation Quiz 🎧 008

1. お土産にゆるキャラの
   ぬいぐるみを買う

   buy a plush toy mascot as a souvenir
   「ぬいぐるみ」は plush toy と言います。

2. ミニチュア食品サンプルの
   キーホルダーは人気がある。

   The miniature food replica keychains are popular.

3. よい香りのお香

   fragrant incense

4. 和柄のがま口

   a coin purse with a traditional Japanese pattern
   traditional は「伝統的な」、pattern は「模様、柄」。

5. 個包装の商品を選ぶ

   choose individually wrapped items

6. 賞味期限を確認する

   check the expiration date

7. 郷土玩具の置物

   traditional toy ornaments

8. 有田焼の陶器が好きだ。

   I like Arita's pottery.

9. 人気の和菓子を買う

   buy popular Japanese sweets

10. プレゼント包装を頼む

    request gift wrapping
    「〜を頼む」は ask for 〜も使えます。

Lalaはがま口の間にいます。
Lala is between the coin purses.

Shopping District

商店街

① 鮮魚店　f　　f　　s

② 青果店　g　　g　　　　s

③ 精肉店　b　　　s

④ 張り紙　n

⑤ 臨時休業

　　t　　　　c

⑥ パン屋　b

⑦ 手芸店　c　　s

⑧ 喫茶店　c

⑨ 不動産屋

　　r　　e　　　a

⑩ 洋菓子店　p

⑪ 大安売り　b　　s

⑫ 銭湯　p　　　　b

⑬ クリーニング店　d　　c

⑭ 時計店　c　　　s

⑮ 眼鏡店　e　　　　s

⑯ ラーメン屋　r　　　s

⑰ 酒屋　l　　s

⑱ 古着屋　s

　　　c　　　　　s

⑲ 古本屋

　　s　　　　　b

⑳ 車両進入禁止

　　n　e　　f　v

Answers 🎧 009

❶	鮮魚店	**fresh fish store**	fresh は「新鮮な」という意味。
❷	青果店	**green grocery store**	green grocer とも言います。
❸	精肉店	**butcher shop**	
❹	張り紙	**notice**	notice には「知らせ、掲示」などの意味があります。
❺	臨時休業	**temporarily closed**	temporarily は「一時的に、臨時に」、closed は「閉店した、休業した」。
❻	パン屋	**bakery**	
❼	手芸店	**craft store**	
❽	喫茶店	**cafe**	
❾	不動産屋	**real estate agency**	
❿	洋菓子店	**patisserie**	patisserie は「洋菓子店、ケーキ店」などを指します。「パティシエ」は patissier。
⓫	大安売り	**big sale**	
⓬	銭湯	**public bathhouse**	public は「公共の、公衆の（ための）」。
⓭	クリーニング店	**dry cleaners**	
⓮	時計店	**clock store**	clock は「壁に掛けたり机上に置いたりするタイプの時計」。「腕時計」は watch。
⓯	眼鏡店	**eyewear store**	eyewear は「眼鏡類」を指します。
⓰	ラーメン屋	**ramen shop**	小規模な専門店は shop、座席数が多くラーメン以外の料理も出す店は restaurant。
⓱	酒屋	**liquor store**	
⓲	古着屋	**secondhand clothing store**	secondhand は「（商品などが）中古の」という意味。「used」も同じ意味です。
⓳	古本屋	**secondhand bookstore**	
⓴	車両進入禁止	**no entry for vehicles**	vehicle は「乗用車・トラック・バス・バイクなどエンジンの付いた道路を走る乗り物の総称」。

Collocation Quiz 🎧 010

1.	青果店で旬の果物を買う	**buy seasonal fruits at the green grocery store**
		seasonal は「季節の」。
2.	精肉店でおいしいコロッケを買う	**buy tasty croquettes at the butcher shop**
3.	その店は臨時休業している。	**The shop is temporarily closed.**
4.	手芸店で編み物の材料をそろえる	**gather knitting supplies at the craft store**
5.	レトロな喫茶店を巡る	**explore retro cafes**
6.	洋菓子店でバースデーケーキを注文する	**place an order for a birthday cake at the patisserie**
		「〜を注文する」は place an order for 〜。
7.	夏物をクリーニング店に持っていく	**take summer clothes to the dry cleaners**
8.	ラーメン屋で人気の豚骨ラーメンを食べる	**have a popular *tonkotsu* ramen at the ramen shop**
		「豚骨スープ」は pork bone broth / pork bone soup と表現できます。
9.	酒屋で地元の日本酒を買う	**buy local sake at the liquor store**
		sake（日本酒）は英語圏でも使われている言葉です。
10.	古着屋でヴィンテージのジャケットを見つける	**find a vintage jacket at a secondhand clothing store**
		vintage は「年代物の」。

Lalaは「車両進入禁止」の立て看板の下にいます。
Lala is under the "No Entry for Vehicles" sign.

A Mall

ショッピングモール

❶ トイレ　r

❷ アクセサリー店

　　a　　　　　　s

❸ 靴屋　s　　　s

❹ エスカレーター　e

❺ スポーツウエア店

　　s　　　　　　s

❻ セレクトショップ

　　m　　　　　　s

❼ ベビー用品　b　　　p

❽ おもちゃ屋　t　　s

❾ 家具店　f　　　　　s

❿ 百円ショップ　1　　-y　　s

⓫ 駐車場　p　　　　l

⑫ ゲームセンター　g　　　c	⑱ 回転ずし店　c　　　　　b
⑬ ペット用品　p　s	s　　r
⑭ 映画館　m　　　t	⑲ バラエティ雑貨店
⑮ エレベーター　e	v　　　g　　　s
⑯ フードコート　f　　c	⑳ 衣料品店　c　　　　　s
⑰ 食料品店	㉑ 家電店　e　　　　　s
g　　　　s	㉒ フロアマップ　f　　　m

Answers 🎧 011

❶ トイレ	**restroom**	「公共のトイレ」は restroom、「家のトイレ」は bathroom。
❷ アクセサリー店	**accessory store**	アメリカ英語では「専門店や小さな店」を shop、「店全般」を store と呼ぶ傾向があります。
❸ 靴屋	**shoe store**	
❹ エスカレーター	**escalator**	1文字目の e にアクセントがあります。
❺ スポーツウエア店	**sportswear store**	
❻ セレクトショップ	**multibrand store**	multi- は「多数の〜、2つ以上の」を指す語を作ります。
❼ ベビー用品	**baby products**	products は「製品」。
❽ おもちゃ屋	**toy store**	
❾ 家具店	**furniture store**	
❿ 百円ショップ	**100-yen store**	
⓫ 駐車場	**parking lot**	park は「(車両／自転車など)を(場所に)駐車／駐輪する」、lot は「(土地の)(小)区画、敷地」。
⓬ ゲームセンター	**game center**	
⓭ ペット用品	**pet supplies**	〜 supplies で「〜用品」。
⓮ 映画館	**movie theater**	アメリカ英語では movie theater、イギリス英語では cinema がよく使われます。
⓯ エレベーター	**elevator**	1文字目の e にアクセントがあります。
⓰ フードコート	**food court**	
⓱ 食料品店	**grocery store**	
⓲ 回転ずし店	**conveyor belt sushi restaurant**	conveyor belt は「ベルトコンベヤー」。sushi-go-round restaurant とも言います。
⓳ バラエティ雑貨店	**variety goods store**	
⓴ 衣料品店	**clothing store**	
㉑ 家電店	**electronics store**	electronics は「電子機器、電化製品」。
㉒ フロアマップ	**floor map**	

Collocation Quiz 🎧 012

1.	靴屋で履き心地のよい靴を見つける	**find comfortable shoes at the** shoe store
2.	エスカレーターで1階に降りる	**go down to the first floor on the** escalator 「3階に上がる」なら go up to the third floor。
3.	セレクトショップでセール品を買う	**buy sale items at a** multibrand store
4.	ベビー用品店でめいへのプレゼントを選ぶ	**choose a gift for my niece at the** baby products **store**
5.	駐車場は地下にある。	**The** parking lot **is in the** basement. 「屋上に」なら on the rooftop。
6.	映画館で映画を見る	**see a movie at the** movie theater 「映画館で見る」場合は see を使うことが多く、「家で配信などで見る」場合は watch を使うことが多いです。
7.	エレベーターが混んでいる。	**The** elevator **is crowded.**
8.	フードコートでランチを楽しむ	**enjoy lunch at the** food court
9.	バラエティ雑貨店でユニークな商品を見つける	**find unique items at the** variety goods store
10.	フロアマップで店を探す	**look for the store on the** floor map

Lalaはエスカレーターに乗っています。
Lala is riding the escalator.

Housing
住宅

❶ 家（一軒家）h

❷ フェンス　f

❸ 屋根裏部屋　a

❹ 2階　2　　f

❺ 物干しざお　l　　　　p

❻ ベランダ　b

❼ 郵便受け　m

❽ 玄関　e

❾ インターホン　i

❿ 傘立て　u　　　　　s

⓫ 車庫　g

⓬ 近所の人　n

⑬ アパート／賃貸マンション

　a

⑭ 階段　s

⑮ ごみ置き場

　g　　　c　　　　s

⑯ 犬を散歩させる

　w　　t　　d

⑰ 分譲マンション

　c

⑱ 非常階段

　e　　　　　s

⑲ オートロックのドア

　a s 　　-l　　　d

⑳ 管理人　m

Answers 🎧 013

❶ 家（一軒家） house
集合住宅は house とは言いません。住宅の形態に関わらず「私の家」と言う場合は my place を使います。

❷ フェンス fence
「ブロック塀」は、コンクリートを使ったものは block wall、れんがを使ったものは brick wall と言います。

❸ 屋根裏部屋 attic

❹ 2階 2nd floor

❺ 物干しざお laundry pole
「物干し用ロープ」は clothesline。「洗濯ばさみ」は clothespin。

❻ ベランダ balcony

❼ 郵便受け mailbox

❽ 玄関 entrance

❾ インターホン intercom

❿ 傘立て umbrella stand

⓫ 車庫 garage

⓬ 近所の人 neighbor
「近所」は neighborhood。

⓭ アパート／賃貸マンション apartment

⓮ 階段 stairs
stairs は「建物の階と階をつなぐもの」を表します。「屋外の階段」は steps と言われることも多いです。

⓯ ごみ置き場 garbage collection site
「（生ごみから紙くずまで幅広く指す）ごみ」は garbage。collection は「収集」。site は「場所」。

⓰ 犬を散歩させる walk the dog
「自分の犬を散歩させる」なら walk my dog。

⓱ 分譲マンション condominium
英語の mansion は「大邸宅」という意味。condominium は会話では condo と略されます。

⓲ 非常階段 emergency staircase
「（手すりなどを含む一続きの）階段」は staircase と言います。emergency は「非常用の」。

⓳ オートロックのドア a self-locking door
「自分でロックするドア」という意味です。

⓴ 管理人 manager

Collocation Quiz 🎧 014

---

1. 屋根裏部屋に季節外れ
   の物をしまう
   store out-of-season items in the attic
   「〜をしまう」は store 〜。

---

2. 郵便受けから郵便物を
   取る
   get the mail from the mailbox

---

3. 玄関に鉢植えを置く
   place a potted plant at the entrance
   potted は「鉢植えの」。plant は「植物」。

---

4. インターホンで訪問者
   を確認する
   check visitors using the intercom
   visitor は招待されていなくても訪れる人、guest は招待された客に使われる
   ことが多いです。

---

5. 車庫に車を入れる
   put the car in the garage

---

6. 近所の人たちに
   あいさつする
   greet the neighbors
   「〜にあいさつする」は greet 〜。

---

7. アパートを借りる
   rent an apartment

---

8. 階段を上る
   go up the stairs

---

9. 分譲マンションに住む
   live in a condominium

---

10. 非常階段を使う
    use the emergency staircase

Lalaはフェンスの上にいます。
Lala is on top of the fence.

Entrance
玄関

① 下駄箱　s　　　c

② ペタンコ靴　f

③ パンプス　p

④ オックスフォード靴　o

⑤ ローファー　l

⑥ 革靴　l　　　　s

⑦ スニーカー　s

⑧ ハイヒール　h　　h

⑨ かかと　h

⑩ つま先　t

⑪ サンダル　s

⑫ 廊下　h

⑬ （〜に）そうじ機をかける　v

⑭ 靴底　s

⑮ 靴ひも　s

⑯ 折り畳み傘

　　f　　　u

⑰ 靴べら　s

⑱ 靴磨き　s　　p

⑲ 懐中電灯　f

⑳ 防災グッズ　e　　　　　　k

Answers 🎧 015

❶	下駄箱	**shoe cabinet**	shoe は「靴」（shoe は靴の片方、shoes で 1 足）、cabinet は「戸棚、整理棚」。
❷	ペタンコ靴	**flats**	（女性用の）かかとの低い靴を指します。靴は 1 足の場合、複数を表す s を付けます。
❸	パンプス	**pumps**	
❹	オックスフォード靴	**oxfords**	ひもで結ぶタイプの革靴。
❺	ローファー	**loafers**	
❻	革靴	**leather shoes**	
❼	スニーカー	**sneakers**	
❽	ハイヒール	**high heels**	
❾	かかと	**heel**	
❿	つま先	**toe**	
⓫	サンダル	**sandals**	
⓬	廊下	**hallway**	
⓭	（〜に）そうじ機をかける	**vacuum**	vacuum (cleaner) は「そうじ機」という名詞でもあります。
⓮	靴底	**sole**	
⓯	靴ひも	**shoelaces**	
⓰	折り畳み傘	**folding umbrella**	「折り畳み式の」は folding。
⓱	靴べら	**shoehorn**	
⓲	靴磨き	**shoe polish**	
⓳	懐中電灯	**flashlight**	
⓴	防災グッズ	**emergency kit**	emergency は「非常用の」、kit は「道具［用具］一式」。

Collocation Quiz 🎧 016

1.	下駄箱に靴をしまう	**store shoes in the** shoe cabinet
2.	お気に入りのベージュの スエードのパンプス	**favorite beige suede** pumps
3.	スニーカーを脱ぐ	**take off my** sneakers <small>take off ～で「(衣服・靴など) を脱ぐ、(装飾品・眼鏡など) をはずす」。</small>
4.	かかとがすり減っている。	**The** heels **are worn down.**
5.	サンダルを履いている	**wear** sandals <small>wear ～は「(衣服・装飾品・靴など) を身に着けている」状態。「～を身に着ける」という動作を表すには put on を用います。</small>
6.	たいてい週に2回、部屋 にそうじ機をかける。	**I usually** vacuum **my room twice a week.**
7.	靴ひもを結ぶ	**tie my** shoelaces
8.	折り畳み傘を持って行く	**bring a** folding umbrella
9.	靴べらで靴を履く	**put on shoes with a** shoehorn
10.	停電に備えて懐中電灯を 用意しておく	**prepare a** flashlight **in case of a power outage** <small>in case of ～で「～の場合には、～に備えて」。</small>

Lalaは棚の上にいます。
Lala is on a shelf.

039

A Living Room
リビング

1 カーテン　c

2 網戸　s　　　d

3 空気清浄機　a　p

4 フローリング

　　w　　f

5 ごみ箱　t　　c

6 おそうじロボット

　　r　　v

7 ソファ　s

8 エアコン　a　c

⑨ 照明器具 l f	⑮ マグカップ m
⑩ テレビ台 T s	⑯ 絵 p
⑪ 花瓶 v	⑰ 額 f
⑫ 連続テレビドラマ	⑱ 観葉植物 h
T d s	⑲ 加湿器 h
⑬ リモコン r c	⑳ スリッパ s
⑭ ティッシュ t	

Answers 🎧 017

① カーテン   **curtains**   アメリカでは「厚手のカーテン」は drapes と呼びます。

② 網戸   **screen door**

③ 空気清浄機   **air purifier**   purifier は「浄化装置」。

④ フローリング   **wooden floor**

⑤ ごみ箱   **trash can**   trash は「紙くず、ごみ」。最近では「一般的なごみ」として trash も garbage も使われます。

⑥ おそうじロボット   **robot vacuum**

⑦ ソファ   **sofa**

⑧ エアコン   **air conditioner**

⑨ 照明器具   **lighting fixture**   fixture は「（建物・住宅の）取り付けられた設備、備品」。

⑩ テレビ台   **TV stand**

⑪ 花瓶   **vase**

⑫ 連続テレビドラマ   **TV drama series**

⑬ リモコン   **remote control**   remote だけでも「（テレビなどの）リモコン（装置）」を表します。

⑭ ティッシュ   **tissues**

⑮ マグカップ   **mug**

⑯ 絵   **painting**   painting は「（絵の具で描いた）絵、絵画」。drawing は「（線で描いた）絵」。

⑰ 額   **frame**

⑱ 観葉植物   **houseplant**   houseplant は「室内用の鉢植え（植木、植物）」。

⑲ 加湿器   **humidifier**

⑳ スリッパ   **slippers**

Collocation Quiz 🎧 018

1. リビングのカーテンを
   開ける
   open the curtains **in the living room**
   「カーテンを閉める」は close the curtains。

2. ごみ箱にごみを捨てる
   throw trash in the trash can

3. おそうじロボットを充
   電する
   charge the robot vacuum

4. エアコンをつける
   turn on the air conditioner
   「(テレビ・電灯など)をつける」は turn on 〜、「〜を消す」は turn off 〜。

5. 花瓶の水を替える
   change the water in the vase

6. 連続テレビドラマの最
   終回を見る
   watch the final episode of a TV drama series
   episode は「(連載小説・連続ドラマなどの)1回分の話」。「この前の月曜日
   の回」なら last Monday's episode。

7. リモコンのスイッチを
   入れる
   turn on the remote control
   「リモコンのスイッチを切る」は turn off the remote control。

8. 壁に絵を掛ける
   hang a painting **on the wall**

9. 観葉植物に水をやる
   water the houseplant
   「〜に水をやる」は water 〜。

10. 来客用のスリッパ
    guest slippers
    guest には「来客」「来客用の」という意味があります。a set of guest towels
    で「お客様用のタオル一式」。

Lalaは空気清浄機の前にいます。
Lala is in front of the air
purifier.

最終回

A Dining Area
ダイニング

❶ 家庭料理

   h   -c   m

❷ 鍋　p

❸ 鍋つかみ　o   m

❹ ボウル、わん　b

❺ 塩・コショウ入れ

   s   a   p

   s

❻ コップ、グラス　g

❼ お盆　t

❽ しょうゆ　s   s

⑨ 耐熱の h   - r

⑩ 皿 p

⑪ ランチョンマット p   m

⑫ 台拭き w   c

⑬ 食器棚 c   c

⑭ 食器 t

⑮ 湯飲み茶わん t

⑯ 急須 t

⑰ 鍋敷き t

⑱ 卓上カレンダー

　　　 d   c

⑲ 大皿 p

⑳ 瓶 j

Answers 🎧 019

❶ 家庭料理	**home-cooked meal**	meal は「(1回の) 食事」。
❷ 鍋	**pot**	pot は「深鍋」、「底の浅い鍋」は pan。
❸ 鍋つかみ	**oven mitt**	
❹ ボウル、わん	**bowl**	「ご飯茶わん」は rice bowl、「ラーメンどんぶり」は ramen bowl。
❺ 塩・コショウ入れ	**salt and pepper shakers**	shaker は「(塩などを入れる) ふたに穴の開いた入れ物」。
❻ コップ、グラス	**glass**	
❼ お盆	**tray**	
❽ しょうゆ	**soy sauce**	
❾ 耐熱の	**heat-resistant**	resistant は「(複合語を作って) 〜に耐える、〜を通さない」。
❿ 皿	**plate**	plate は「(取り) 皿、平皿」で、各自が料理を取り分けるときに使う皿を指します。
⓫ ランチョンマット	**place mat**	
⓬ 台拭き	**wiping cloth**	
⓭ 食器棚	**china cabinet**	china は「(陶) 磁器、瀬戸物」。食器を入れる棚という意味です。
⓮ 食器	**tableware**	tableware は「食卓用食器」で、グラス・皿・ナイフ・フォーク・スプーンなどを含みます。
⓯ 湯飲み茶わん	**teacup**	
⓰ 急須	**teapot**	
⓱ 鍋敷き	**trivet**	
⓲ 卓上カレンダー	**desk calendar**	
⓳ 大皿	**platter**	
⓴ 瓶	**jar**	

Collocation Quiz 🎧 020

1.	ホーロー製の鍋	**enamel-coated** pot
2.	鍋つかみでふたを取る	**use an** oven mitt **to remove the lid**
		remove ～は「～を取る」、lidは「(鍋、箱などの) ふた」。
3.	ご飯を茶わんによそう	**scoop the rice into a** bowl
		scoop ～は「～を (スプーン・手などで) すくい取る」。
4.	コップにお茶を注ぐ	**pour tea into a** glass
		pour ～は「(液体など) を注ぐ」。
5.	お盆を使って料理を運ぶ	**carry dishes using a** tray
6.	ランチョンマットを敷く	**lay a** place mat
7.	台拭きでテーブルをきれいにする	**clean the table with a** wiping cloth
8.	作り付けの食器棚	**built-in** china cabinet
		「作り付けの」は built-in。
9.	お土産でもらった鍋敷き	**trivet received as a** souvenir
		souvenir は「土産、記念品」。
10.	大皿に盛って炒め物を出す	**serve stir-fry on a large** platter
		serve ～は「(飲食物) を出す」。「炒め物」は stir-fry。

Lalaは食器棚の中にいます。
Lala is in the china cabinet.

A Kitchen
台所

1 食洗機　d	**8** 冷凍庫　f
2 お玉　l	**9** まな板　c　　　　b
3 フライ返し　t	**10** 包丁　k　　　　k
4 木べら　w　　　s	
5 こんろ　s	
6 フライパン　f　　　p	
7 冷蔵庫　r	

⑪ 炊飯器　r　　c

⑫ アルミホイル　a　　　　　f

⑬ ラップ　p　　　w

⑭ オーブントースター

　　t　　　o

⑮ 電子レンジ　m

⑯ 可燃ごみ　b　　　　t

⑰ 食器用洗剤

　　d　　　　　l

⑱ 流し　s

⑲ 排水口　d

⑳ ざる　c

Answers 🎧 021

❶ 食洗機	**dishwasher**		
❷ お玉	**ladle**		
❸ フライ返し	**turner**		
❹ 木べら	**wooden spatula**	wooden は「木製の」、spatula は「（料理用の）へら」。	
❺ こんろ	**stove**	「（料理用の）こんろ、レンジ」を stove と言います。	
❻ フライパン	**frying pan**		
❼ 冷蔵庫	**refrigerator**	略語の fridge もよく使われます。	
❽ 冷凍庫	**freezer**		
❾ まな板	**cutting board**		
❿ 包丁	**kitchen knife**		
⓫ 炊飯器	**rice cooker**	「しゃもじ」は rice paddle。	
⓬ アルミホイル	**aluminum foil**	「ホイル」ではなく「フォイル」。	
⓭ ラップ	**plastic wrap**		
⓮ オーブントースター	**toaster oven**	オーブントースターは和製英語。oven は「アヴン」のように発音します。	
⓯ 電子レンジ	**microwave**	microwave 〜で「〜を電子レンジで調理［加熱］する」という動詞としても使えます。	
⓰ 可燃ごみ	**burnable trash**	「ごみ」は garbage でもいいです。「不燃ごみ」は nonburnable trash。	
⓱ 食器用洗剤	**dishwashing liquid**	liquid は「液体」。	
⓲ 流し	**sink**	「台所の流し」も「洗面台の流し」も sink です。	
⓳ 排水口	**drain**		
⓴ ざる	**colander**		

Collocation Quiz 🎧 022

1. 食洗機で食器を洗う
   wash the dishes in a dishwasher
   「食器類」は the dishes で表せます。

2. 木べらでシチューを
   かき混ぜる
   stir the stew with a wooden spatula
   「〜をかき混ぜる」は stir 〜。stew の発音（ステュー）に注意。

3. 料理の後、
   こんろをきれいにする
   clean the stove after cooking

4. 冷蔵庫に牛乳を入れる
   put the milk in the refrigerator

5. 炊飯器で炊き込みご飯
   を炊く
   cook mixed rice in a rice cooker

6. 電子レンジで食品を
   加熱する
   heat food in the microwave
   heat 〜で「〜を熱する、温める」。

7. 今日は可燃ごみの日だ。
   It's burnable trash day (today).

8. 野菜を流しで洗う
   wash the vegetables in the sink

9. 排水口が詰まっている。
   The drain is clogged.
   clogged は「（パイプなどが）詰まった」。

10. ざるで野菜の水切りを
    する
    drain vegetables in a colander
    drain 〜で「〜で「（液体）を排出する」。

Lalaは電子レンジの後ろにいます。
Lala is behind the microwave.

A Bathroom

洗面所・浴室

❶ 浴槽　b	❽ 洗濯用洗剤
❷ 鼻歌を歌う　h	l　　　d
❸ ボディーソープ　b　　w	❾ 柔軟剤　f　　　s
❹ シャンプー　s	❿ 漂白剤　b
❺ リンス　c	
❻ 乾燥機　d	
❼ 洗濯機　w　　　m	

⑪ ヘアスタイリング剤

　h　　s　　　　p

⑫ 歯磨き粉 t

⑬ 歯ブラシ t

⑭ かみそり r

⑮ 化粧水 t

⑯ 洗顔料 f　　w

⑰ 詰め替え r

⑱ 洗濯物 l

⑲ 洗濯ネット l　　　　n

⑳ 体重計 s

Answers 🎧 023

❶ 浴槽	**bathtub**		
❷ 鼻歌を歌う	**hum**		
❸ ボディーソープ	**body wash**	wash は「肌などを洗う液体など」に使います。
❹ シャンプー	**shampoo**	動詞としても使われ、 shampoo 〜で「(髪) をシャンプーで洗う」。
❺ リンス	**conditioner**	
❻ 乾燥機	**dryer**	
❼ 洗濯機	**washing machine**	略語の washer も使われます。
❽ 洗濯用洗剤	**laundry detergent**	粉状の洗剤は powdered detergent、 液体洗剤は liquid detergent。
❾ 柔軟剤	**fabric softener**	fabric は「布地」。
❿ 漂白剤	**bleach**	動詞としても使われ、bleach 〜で 「(布・髪など) を (薬品で) 漂白する、脱色する」。
⓫ ヘアスタイリング剤	**hair styling product**	
⓬ 歯磨き粉	**toothpaste**	
⓭ 歯ブラシ	**toothbrush**	
⓮ かみそり	**razor**	
⓯ 化粧水	**toner**	skin toner、(skin) lotion とも言います。「乳液」は milky lotion。
⓰ 洗顔料	**face wash**	「(化粧を落とす) 洗顔料」は facial cleanser。
⓱ 詰め替え	**refill**	
⓲ 洗濯物	**laundry**	「洗濯をする」は do the laundry と言います。
⓳ 洗濯ネット	**laundry net**	
⓴ 体重計	**scale**	scale は、さまざまな「はかり」に使われる単語です。

Collocation Quiz 🎧 024

1. 浴槽に浸かる
   soak in the bathtub
   浴槽（湯舟）にお湯が張られている状態で、その中に浸かることを指します。

2. 乾燥機でタオルを乾かす
   dry towels in a dryer

3. ドラム式の洗濯機を使う
   use a drum-type washing machine

4. いい匂いの柔軟剤
   a fabric softener that smells nice
   smell＋形容詞で「〜な匂いがする」。

5. ヘアスタイリング剤をつける
   apply a hair styling product

6. かみそりで眉をそる
   shave my eyebrows with a razor
   「〜をそる」は shave 〜。

7. 化粧水で肌を整える
   balance my skin with toner
   「化粧水をつける」だと apply toner。

8. ドラッグストアでシャンプーの詰め替えを買う
   buy a shampoo refill at the drugstore

9. 服が傷むのを防ぐために洗濯ネットを使う
   use a laundry net to prevent clothes from getting damaged

10. 体重計で体重を測る
    weigh myself on the scale
    weigh 〜で「〜の重量を計測する」。

Lalaは乾燥機の近くにいます。
Lala is near the dryer.

A Bedroom
寝室

❶ 本棚　b	❼ クローゼット　c
❷ コンセント　o	❽ ハンガー　h
❸ たんす　d	❾ パジャマ　p
❹ 引き出し　d	❿ 部屋着　l
❺ 防虫剤　m	
❻ アロマキャンドル	
s　　　c	

⑪ 壁紙　w	⑰ 毛布　b
⑫ ポスター　p	⑱ 目覚まし時計　a　　　c
⑬ 全身鏡	⑲ ナイトテーブル　n
f　-l　　　m	⑳ 照明のスイッチ　l　　　s
⑭ 枕　p	
⑮ 枕カバー　p	
⑯ 掛け布団　c	

Answers 🎧 025

❶ 本棚	**bookshelf**	shelfは「棚」。bookcaseも使われます。
❷ コンセント	**outlet**	
❸ たんす	**dresser**	dresserは「洋服（衣料）だんす、鏡台」。
❹ 引き出し	**drawer**	
❺ 防虫剤	**mothballs**	「（衣類の）防虫剤」はmothballs（通例複数形）。
❻ アロマキャンドル	**scented candle**	scentedは「（好ましい）匂いの付いた」。
❼ クローゼット	**closet**	
❽ ハンガー	**hanger**	
❾ パジャマ	**pajamas**	「パジャマ1着」はa pair of pajamas、「パジャマの上着」はa pajama top。
❿ 部屋着	**loungewear**	
⓫ 壁紙	**wallpaper**	
⓬ ポスター	**poster**	
⓭ 全身鏡	**full-length mirror**	full-lengthは「（肖像画・写真などが）全身の、全身を映す」。
⓮ 枕	**pillow**	
⓯ 枕カバー	**pillowcase**	
⓰ 掛け布団	**comforter**	羽毛布団はdown comforter。
⓱ 毛布	**blanket**	
⓲ 目覚まし時計	**alarm clock**	「置き時計」はtable clock、「壁掛け時計」はwall clock。
⓳ ナイトテーブル	**nightstand**	
⓴ 照明のスイッチ	**light switch**	

Collocation Quiz 🎧026

1.	防虫剤を引き出しに入れる	**put the** mothballs **in the** drawer
2.	アロマキャンドルをたく	**burn a scented candle** 「(明かり・ろうそくなど)をともす」は burn 〜。
3.	ハンガーに上着を掛ける	**hang a jacket on a hanger**
4.	パジャマに着替える	**change into one's pajamas** 「〜に着替える」は change into 〜。
5.	部屋着でくつろぐ	**relax in loungewear**
6.	寝室の壁紙を張り替える	**replace the wallpaper in the bedroom** 「〈壊れた物・古い物〉を(新しい物に)取り換える」は replace 〜。
7.	お気に入りのポスターを額に入れる	**frame my favorite poster** frame「額」は動詞としても使われ、frame 〜で「〜を額に入れる」。
8.	全身鏡で服装をチェックする	**check my clothes in a full-length mirror**
9.	枕カバーを替える	**change the pillowcase**
10.	目覚まし時計を午前6時にセットする	**set the alarm clock for 6:00 a.m.**

Lalaはナイトテーブルの下にいます。
Lala is under the nightstand.

Cooking
料理

❶ レシピ、調理法　r	❻ 〜をみじん切りにする
❷ 2人分である　s　　　　2	c　　〜f
❸ 材料　i	❼ 〜の皮をむく　p
❹ 〜を一口大に切る　c　　〜i	❽ 〜を薄切りにする　s
b　-s　　p	❾ 小さじ　t
❺ ニンニクひとかけ	❿ 大さじ　t
a c　　　o g	

⑪ 〜をひっくり返す f 〜o

⑫ 豚ロース肉 p l

⑬ 〜を中火で焼く c 〜o

　 m h

⑭ 〜を加える a

⑮ 〜を炒める s -f

⑯ ひとつまみの塩 a p o s

⑰ 〜をふる s

⑱ 〜をとろ火で煮る s

⑲ 粗熱をとる

　 l i c s

⑳ 小麦粉 f

Answers 🎧 027

	日本語	英語	解説

❶ レシピ、調理法 — **recipe** — a recipe for ~ で「~のレシピ [作り方]」。

❷ 2人分である — **serves 2** — 「serves + 数（人数）」はレシピや食材・料理の包装などによく見られる表現です。

❸ 材料 — **ingredients**

❹ ~を一口大に切る — **cut ~ into bite-sized pieces** — bite は「一口分」。

❺ ニンニクひとかけ — **a clove of garlic** — 「おろしニンニク」は grated garlic。

❻ ~をみじん切りにする — **chop ~ finely** — chop は「（ナイフなどで）~を細かく切る」、finely は「細かく」。

❼ ~の皮をむく — **peel**

❽ ~を薄切りにする — **slice** — slice には「薄切り、1切れ」の意味もあります。例：a slice of lemon「レモン1切れ」。

❾ 小さじ — **teaspoon**

❿ 大さじ — **tablespoon**

⓫ ~をひっくり返す — **flip ~ over** — flip a pancake over「パンケーキをひっくり返す」など、よく使われる表現です。

⓬ 豚ロース肉 — **pork loin** — 「豚バラ肉」は pork belly。

⓭ ~を中火で焼く — **cook ~ over medium heat** — cook は「（火・熱を使って）~を料理する」。

⓮ ~を加える — **add**

⓯ ~を炒める — **stir-fry** — stir-fry は「~を（かき混ぜながら）強火でさっと炒める」ことを指します。

⓰ ひとつまみの塩 — **a pinch of salt** — a pinch of ~ で「ひとつまみの~、少量の~」。

⓱ ~をふる — **sprinkle**

⓲ ~をとろ火で煮る — **simmer** — stew「~をとろ火で煮る」という動詞もあります。

⓳ 粗熱をとる — **let it cool slightly** — let it cool は「それを冷ます」、slightly は「わずかに、少しだけ」。

⓴ 小麦粉 — **flour**

Collocation Quiz 🎧 028

1.	ポテトサラダのレシピ	**a recipe for potato salad**
2.	そのレシピの材料をそろえる	**get the ingredients for the recipe**
3.	ジャガイモを一口大に切る	**cut the potatoes into bite-sized pieces**
4.	ニンニクをみじん切りにする	**chop the garlic finely**
5.	ニンジンの皮をむく	**peel a carrot**
6.	タマネギを薄切りにする	**slice an onion**
7.	サラダ油大さじ2	**2 tablespoons of vegetable oil** 「サラダ油、植物油」は vegetable oil。
8.	肉を中火で焼く	**cook the meat over medium heat** 「弱火」は low heat、「強火」は high heat。
9.	細切りの牛肉とピーマンを炒める	**stir-fry thinly sliced beef and bell peppers** thinly は「薄く、細く」。
10.	スープにひとつまみの塩をふる	**sprinkle a pinch of salt into the soup**

Lalaは小麦粉の隣にいます。
Lala is next to the flour.

A Restaurant

飲食店

❶ 給仕係　s

❷ 定食　s　　m

❸ カウンター席

　　s　　a　t　c

❹ 厨房（ちゅうぼう）　k

❺ 料理人　c

❻ お勘定　c

❼ お手拭き　w　　p　　t

❽ 子ども用の椅子　h

❾ 取り皿　p　　t　s

❿ 禁煙席

　　n　　　s

A Fast-Food Restaurant

ファストフード店

⑪ ドライブスルー　d　　　-t	⑯ ソフトクリーム　s　　　s
⑫ セットメニュー　c　　　m	⑰ アイスティー　i　　　t
⑬ カウンター係	⑱ ハッシュポテト　h　　　b
c　　　a	⑲ ホットケーキ　p
⑭ トレー返却口	⑳ フライドポテト　F　　　f
t　　r　　　c	
⑮ 持ち帰り　t	

Answers 🎧 029

① 給仕係　　　　　　　　**server**

② 定食　　　　　　　　　**set meal**

③ カウンター席　　　　　**seat at the counter**　　　　「（飲食をする）カウンター」は counter、「席」は seat。

④ 厨房（ちゅうぼう）　　**kitchen**

⑤ 料理人　　　　　　　　**cook**　　　cook は「家庭で料理をする人」も指します。例：My father is a great cook.「父は料理がとても上手だ」。

⑥ お勘定　　　　　　　　**check**

⑦ お手拭き　　　　　　　**wet paper towel**

⑧ 子ども用の椅子　　　　**highchair**

⑨ 取り皿　　　　　　　　**plates to share**　　　share は「（人と）分ける」。to share で「分けるための」。

⑩ 禁煙席　　　　　　　　**nonsmoking seat**

⑪ ドライブスルー　　　　**drive-thru**　　　thru は through を省略した形です。

⑫ セットメニュー　　　　**combo meal**

⑬ カウンター係　　　　　**counter attendant**

⑭ トレー返却口　　　　　**tray return counter**　　　「返却」は return。

⑮ 持ち帰り　　　　　　　**takeout**　　　ファストフード店では For here or to go?（ここで食べますか、持ち帰りですか）という表現がよく使われます。

⑯ ソフトクリーム　　　　**soft serve**　　　soft serve ice cream を略して soft serve、soft ice cream と言います。

⑰ アイスティー　　　　　**iced tea**　　　iced は「（飲み物などが）氷で冷やされた、氷の入った」。

⑱ ハッシュポテト　　　　**hash browns**

⑲ ホットケーキ　　　　　**pancakes**　　　「ホットケーキ」は和製英語です。

⑳ フライドポテト　　　　**French fries**

Collocation Quiz 030

1.	定食を注文する	**order a** set meal 「〜を注文する」は order 〜。
2.	カウンター席が空いている。	**A** seat at the counter **is available.** available は「利用できる」。
3.	お勘定を払う	**pay the** check
4.	お手拭きで手を拭く	**wipe one's hands with a** wet paper towel
5.	取り皿をもらえますか？	**Can we get some** plates to share, **please?**
6.	禁煙席を選ぶ	**choose a** nonsmoking seat
7.	ドライブスルーを利用する	**use the** drive-thru
8.	バニラ味のソフトクリーム	**vanilla-flavored** soft serve
9.	アイスティーにミルクを入れる	**add milk to the** iced tea add 〜 to . . . で「…に〜を加える」。
10.	チーズバーガーとフライドポテトのセットメニュー	**cheeseburger and** French fries combo meal

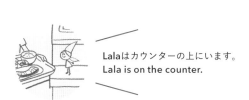

Lalaはカウンターの上にいます。
Lala is on the counter.

An Izakaya
居酒屋

❶ お通し　a

❷ 枝豆　b　　　s

❸ ジョッキ　b　　m

❹ 生ビール　d　　b

❺ 鶏のから揚げ　b　　-s
　　f　　c

❻ 鍋料理　h　p

❼ 焼きホッケ
　　g　　　h　　　m

❽ 割り箸
　　d　　　　c

❾ ノンアルコール飲料
　　n　　　　　b

❿ サワー　s

⑪ 飲み放題　a - y　- c　- d

⑫ 割り勘にする　s　　　t　　　b
　　　　　　　　　o　　　w　　　w

⑬ ほろ酔いの　t

⑭ 酔っぱらう　g　　d

⑮ お茶漬け
　　r　　　i　J　　　　　b

⑯ 豚の角煮　s　　　　d　　　p

⑰ たこわさ　s　　　　　　　r
　　　　　　　o　　　w　　　w

⑱ だし巻き卵　J　　　　　o

⑲ 大根サラダ　d　　　　　s

⑳ 焼き鳥　g　　　　c
　　　　　s

Answers 🎧 031

❶ お通し　　appetizer
appetizer は「前菜」。
「お通し」は日本独自のもの。

❷ 枝豆　　boiled soybeans
boil は「〜をゆでる」、soybean は「大豆」。
edamame も英語として通じるようになってきています。

❸ ジョッキ　　beer mug

❹ 生ビール　　draft beer

❺ 鶏のから揚げ　　bite-sized fried chicken
「一口サイズの揚げたとり肉」
ということ。

❻ 鍋料理　　hot pot

❼ 焼きホッケ　　grilled hokke mackerel
mackerel は
「サバ、サバに似た特徴を持つ青魚」。

❽ 割り箸　　disposable chopsticks
disposable は「使い捨ての」。

❾ ノンアルコール飲料　　nonalcoholic beverage

❿ サワー　　sour
「ハイボール」は whiskey and soda。「焼酎」は shochu。

⓫ 飲み放題　　all-you-can-drink

⓬ 割り勘にする　　split the bill
split 〜は「（費用など）を分担する」、
bill は「勘定（書き）」。split the check も使われます。

⓭ ほろ酔いの　　tipsy

⓮ 酔っぱらう　　get drunk
「酔いつぶれた」は be wasted を使って
I was wasted last night. などと言います。

⓯ お茶漬け　　rice in Japanese broth
broth は「（肉・魚・野菜などから
煮出した）スープ」。

⓰ 豚の角煮　　stewed diced pork
stew は「〜をとろ火で煮る」。

⓱ たこわさ　　seasoned raw octopus with wasabi
season は「（食べ物）に味付けする」、
raw は「生の」、octopus は「タコ」。

⓲ だし巻き卵　　Japanese omelet

⓳ 大根サラダ　　daikon salad

⓴ 焼き鳥　　grilled chicken skewers
skewer は「（料理用の）串」。絵に合わせて
複数形にしています。yakitori も英語として
通じるようになってきています。

Collocation Quiz 🎧 032

1. 枝豆がお通しとして出て
きた。

The boiled soybeans were served as an
appetizer.

2. とりあえず生ビールを
頼もう。

I'll have a draft beer for now.

「とりあえず」は for now。

3. 鍋料理を味わう

savor the hot pot

savor 〜は「（食べ物・飲み物）を（ゆっくり）味わう、（味・香り）を楽
しむ」。

4. レモンサワーをください。

I would like a lemon sour.

I would like 〜. （〜をください）は注文をするときに使う表現。

5. 飲み放題のプランを選ぶ

choose an all-you-can-drink plan

6. 割り勘にしない？

Can we split the bill?

Can we 〜?（〜しませんか）は提案の表現としてよく使われます。

7. ほろ酔い気分だ。

I'm tipsy.

8. 昨日、酔っぱらっちゃった。

I got drunk yesterday.

「昨夜」なら last night。

9. この居酒屋の人気メニュー
は豚の角煮だ。

This izakaya's most popular dish is the
stewed diced pork.

「居酒屋」は izakaya、Japanese (style) pub などと言います。

10. たいてい、だし巻き卵を
頼む。

I usually order a Japanese omelet.

Lalaは腰掛け（スツール）の上にいます。
Lala is on a stool.

An Office
オフィス

① キャビネット　f　　　c

② 棚　s

③ 段ボール箱　c　　　　　b

④ プチプチ（気泡緩衝材）

　　b　　　w

⑤ 上司　b

⑥ 同僚　c

⑦ 社員証　e　　　　　l　c

⑧ 昼休み　l　　　b

⑨ 事務用品、備品

　　o　　s

⑩ 企画書　p

⑪ 蛍光灯　f　　　　　l

⑫ 出張　b　　　　t

⑬ 半休　h　-d　　o

⑭ 有給休暇　p　　v

⑮ 残業する　w　　o

⑯ 複合機

　　a　-i　-o　　p

⑰ 紙詰まり　p　　j

⑱ ガムテープ　g　　　t

⑲ コピー用紙　c　　p

⑳ 書類　d

Answers 🎧 033

❶	キャビネット	**file cabinet**	file は「書類入れ、ファイル」。
❷	棚	**shelf**	
❸	段ボール箱	**cardboard box**	cardboard は「ボール紙、厚紙、段ボール」。
❹	プチプチ（気泡緩衝材）	**bubble wrap**	bubble は「気泡」、wrap は「包むもの」。
❺	上司	**boss**	
❻	同僚	**coworker**	co-worker とも表記されます。「職員、社員、スタッフ」は staff と言います。
❼	社員証	**employee ID card**	employee は「従業員」、ID は「身分［身元］を証明するもの」。
❽	昼休み	**lunch break**	break は「休憩」。
❾	事務用品、備品	**office supplies**	～ supplies で「～用品」。
❿	企画書	**proposal**	
⓫	蛍光灯	**fluorescent light**	
⓬	出張	**business trip**	
⓭	半休	**half-day off**	
⓮	有給休暇	**paid vacation**	「有給の」は paid。
⓯	残業する	**work overtime**	overtime は「時間外で、超過勤務で」。「残業する」は do overtime とも言います。
⓰	複合機	**all-in-one printer**	
⓱	紙詰まり	**paper jam**	jam は「（機械などの）停止、紙詰まり」。
⓲	ガムテープ	**gummed tape**	
⓳	コピー用紙	**copy paper**	
⓴	書類	**documents**	

Collocation Quiz 🎧 034

1.	上司から指示を受ける	**receive instructions from the** boss 「指示」は instructions。
2.	同僚とランチに出かける	**go out for lunch with** coworkers 「〜に出かける」は go out for 〜。go out for a walk で「散歩に出かける」。
3.	常に社員証を身に着けている。	I **always wear my** employee ID card.
4.	ビジネスの企画書を作成する	**create a business** proposal
5.	蛍光灯が切れた。	The fluorescent light **went out.** go out で「(火・明かりなどが) 消える」。
6.	出張に出かける	**go on a** business trip
7.	半休を申請する	**request a** half-day off
8.	有給休暇を取る	**take a** paid vacation
9.	1時間半残業した。	I worked overtime **for an hour and a half.** 「7時まで残業した」は I worked overtime until 7 o'clock.
10.	A4サイズのコピー用紙を補充する	**refill the A4-size** copy paper refill 〜は「〜を補充する、〜を詰め替える」。

Lalaは複合機の上にいます。
Lala is on top of the all-in-one printer

Around the Desk

デスク回り

1 セロハンテープ　c　　　t

2 領収書　r

3 付箋　s　　　n

4 ノートPC

　　l　　　c

5 本立て　b

6 名刺　b　　　　　c

7 クリップ　p　　　c

8 手帳　p

9 マウス　m

10 クリアファイル

　　c　　d　　　　f

⑪ 電源タップ　p　　　　s	⑯ ケーブル　c
⑫ 契約書　c	⑰ はんこ、印鑑　p　　　　s
⑬ バインダークリップ	⑱ 封筒　e
b　　c	⑲ 切手　s
⑭ 社外秘の　c	⑳ のり　g
⑮ ディスプレイ　m	

Answers 🎧 035

❶ セロハンテープ	**clear tape**		
❷ 領収書	**receipt**	receiptは「領収書、レシート、受領証」。
❸ 付箋	**sticky notes**	stickyは「粘着性の」、noteは「メモ」。
❹ ノートPC	**laptop computer**	ノートPCは和製英語。
❺ 本立て	**bookstand**	
❻ 名刺	**business card**	「名詞入れ」はbusiness card holder。
❼ クリップ	**paper clip**	
❽ 手帳	**planner**	plannerは「スケジュール表、スケジュール表の付いた手帳」。
❾ マウス	**mouse**	
❿ クリアファイル	**clear document folder**	folderは「(厚紙やプラスチックでできている)書類挟み、紙挟み」。
⓫ 電源タップ	**power strip**	
⓬ 契約書	**contract**	
⓭ バインダークリップ	**binder clip**	
⓮ 社外秘の	**confidential**	confidentialは「(情報などが)秘密の、機密扱いの」。
⓯ ディスプレイ	**monitor**	monitorは「(コンピューターなどの)モニター(画面)」。
⓰ ケーブル	**cable**	「ケーブルを接続する」はconnect a cable。
⓱ はんこ、印鑑	**personal seal**	personalは「個人の」、sealは「印鑑」。
⓲ 封筒	**envelope**	
⓳ 切手	**stamp**	stampには「スタンプ、刻印」の意味もあります。例：a date stamp（日付印）。
⓴ のり	**glue**	

Collocation Quiz 🎧 036

1.	領収書を経理部に提出する	submit a receipt to the accounting department
2.	付箋にメモを書く	write a memo on a sticky note
3.	名刺を交換する	exchange business cards
4.	手帳にスケジュールを記入する	enter a schedule in the planner
5.	マウスでカーソルを動かす	move the cursor with the mouse
6.	電源タップのコンセントが全て使われている。	The power strip's outlets are all in use. in use は「使用されて」。
7.	契約書に署名する	sign the contract sign ～は「(書類・手紙など) に署名する」。
8.	バインダークリップで書類を留める	secure documents with a binder clip secure ～ with . . . で「～を…で固定する」。
9.	書類にはんこを押す	stamp a document with a personal seal
10.	のりで封筒に封をする	seal an envelope with glue seal ～ with . . . で「～に…で封をする」。

Lalaは封筒の下にいます。
Lala is under an envelope.

A Meeting
会議

① スクリーン s

② 画面共有 s　　　s

③ 在宅勤務をする
　w　　f　　h

④ イヤホン e

⑤ チャット機能 c　　　f

⑥ ミュートする m

⑦ ミュートを外す u

⑧ プロジェクター p

⑨ ～を話し合う d

⑩ 議事録 m

⑪ ホワイトボード　w

⑫ 議題

　t　　f　　d

⑬ 取引先、クライアント　c

⑭ 有効なデータ　v　　d

⑮ マーカー　m

⑯ プレゼン　p

⑰ 進行役　f

⑱ 資料　m

⑲ 手を挙げる

　r　　o　　h

⑳ 見積書　e

Answers 🎧037

#			
❶	スクリーン	**screen**	「映画のスクリーン」も screen です。
❷	画面共有	**screen sharing**	「(テレビ・モニターの) 画面」も screen。share 〜は「〜を共有する」。
❸	在宅勤務をする	**work from home**	from (〜から) を使い、会社の業務を家から行っていることを示しています。
❹	イヤホン	**earbuds**	通例複数形で使われます。earphones も使われます。「ヘッドホン」は headphones。
❺	チャット機能	**chat function**	
❻	ミュートする	**mute**	
❼	ミュートを外す	**unmute**	動詞の前に un がつくと、その動詞の逆の行為を表します。
❽	プロジェクター	**projector**	
❾	〜を話し合う	**discuss**	discuss the project (その計画について話し合う) などと使われます。
❿	議事録	**minutes**	複数形で使われます。
⓫	ホワイトボード	**whiteboard**	
⓬	議題	**topics for discussion**	
⓭	取引先、クライアント	**client**	
⓮	有効なデータ	**valid data**	valid は「有効な、信頼性のある」。
⓯	マーカー	**marker**	
⓰	プレゼン	**presentation**	
⓱	進行役	**facilitator**	I will be the meeting facilitator. (私が会議の進行役を務めます) などと使えます。
⓲	資料	**materials**	
⓳	手を挙げる	**raise one's hand**	
⓴	見積書	**estimate**	

Collocation Quiz 🎧 038

---

1. スクリーンに議題を
   表示する

   show the topics for discussion **on the** screen
   show 〜は「〜を見せる」。

---

2. 画面共有を使って
   データを共有する

   share the data using screen sharing

---

3. 週に2日、在宅勤務を
   する

   work from home two days a week

---

4. 質問をチャット機能で
   送る

   send questions via the chat function
   via 〜は「〜によって、〜を介して」。例：via email（Eメールで）。

---

5. マイクがミュートのまま
   ですよ。

   Your microphone is still muted.
   発言者がミュートのまま話しているときに使える表現です。

---

6. 会議の議事録を取る

   take the minutes **of a meeting**

---

7. 取引先と打ち合わせを
   する

   have a meeting with a client
   「〜と打ち合わせをする」は have a meeting with 〜。

---

8. プレゼンをする

   make a presentation

---

9. 会議の資料を用意する

   prepare the materials **for a meeting**

---

10. 手を挙げて意見を言う

    raise my hand and express an opinion

Lalaはホワイトボードのところに座って
います。
Lala is sitting by the whiteboard.

The Park and the Playground
公園

❶ 遊具

   p   e

❷ 滑り台 s

❸ フリーマーケット f   m

❹ 三輪車 t

❺ 噴水 f

❻ 像 s

❼ スコップ s

❽ 砂場 s

❾ 花壇 f   b

❿ かくれんぼ

   h   -a   -s

⑪ 日なたぼっこをする

　b　　　i　　t　　s

⑫ 魔法瓶　t　　　　　　（b　　　）

⑬ ピクニック　p

⑭ 木陰　t　s　　　o　at

⑮ ベンチ　b

⑯ 池　p

⑰ 鬼ごっこ　t

⑱ ブランコ　s

⑲ ハト　p

⑳ スケートボード　s

Answers 🎧 039

❶ 遊具	playground equipment		playgroundは「(公園・学校などの戸外の)運動場、遊び場」、equipmentは設備。
❷ 滑り台	slide		
❸ フリーマーケット	flea market		flea marketは「フリーマーケット、のみの市」。
❹ 三輪車	tricycle		tri-は「3つの」の意の語を作ります。「一輪車」はunicycle。
❺ 噴水	fountain		
❻ 像	statue		
❼ スコップ	shovel		
❽ 砂場	sandbox		
❾ 花壇	flower bed		「チューリップの花壇」はa bed of tulips、a tulip bedと言います。
❿ かくれんぼ	hide-and-seek		hideは「隠れる」、seekは「〜を捜す」。
⓫ 日なたぼっこをする	bask in the sun		baskは「(日光で)暖まる、日なたぼっこをする」。
⓬ 魔法瓶	thermos (bottle)		thermosはドイツの会社の登録商標が一般名詞化されたもの。
⓭ ピクニック	picnic		
⓮ 木陰	the shade of a tree		shade(陰)は形がはっきりしない光が当たらない部分を指します。しばしばthe shadeの形で使われます。
⓯ ベンチ	bench		
⓰ 池	pond		
⓱ 鬼ごっこ	tag		「鬼ごっこの鬼」はit、またはtaggerと言います。
⓲ ブランコ	swings		swingは「ブランコに乗ってこぐ」という動詞としても使われます。
⓳ ハト	pigeon		「ハト」はdoveで表すこともあります。
⓴ スケートボード	skateboard		

Collocation Quiz 🎧 040

1. 滑り台を滑る **slide down the** slide

   slideは「滑る」という動詞としても使われます。slide down 〜で「〜を滑り降りる」。

2. フリーマーケットで娘の服を買う **buy clothes for my daughter at the** flea market

3. 銅像の後ろに隠れる **hide behind a bronze** statue

4. スコップで砂を掘る **dig in the sand with a** shovel

   「(〜を) 掘る」はdig。

5. かくれんぼをする **play hide-and-seek**

   「鬼ごっこをする」はplay tag。

6. 日なたぼっこを楽しむ **enjoy basking in the sun**

7. 魔法瓶の温かいお茶を飲む **drink warm tea from a** thermos (bottle)

8. 公園でピクニックをする **have a picnic in the park**

   「have + 行事を表す名詞」で「〜を催す、行う、開く」。例：have a party。

9. 木陰で本を読む **read a book in the shade of a tree**

10. ベンチに座る **sit on a bench**

Lalaはクマの乗り物に乗っています。
Lala is riding on the bear springer.

An Amusement Park

遊園地

1 メリーゴーラウンド

   m   -g -r

2 ジェットコースター

   r   c

3 絶叫系の乗り物　t   r

4 観覧車　F   w

5 着ぐるみ　c   c

6 お化け屋敷　h   h

7 コーヒーカップ　t

8 1日券　o   -d   p

9 アトラクション　a

10 長蛇の列　al   l

Camping
キャンプ

⑪ キャンプ場　c	⑰ ランタン　l
⑫ 小屋　c	⑱ たき火　c
⑬ 寝袋　s　　　　b	⑲ 飯ごう、メスティン　m　　t
⑭ 虫よけスプレー	⑳ マルチツールナイフ
i　　r　　　s	m　　　p　　k
⑮ ハンモック　h	
⑯ クーラーボックス　c　　b	

Answers 🎧 041

❶	メリーゴーラウンド	merry-go-round	carousel とも言います。
❷	ジェットコースター	roller coaster	ジェットコースターは和製英語。
❸	絶叫系の乗り物	thrill ride	thrill は「（喜び・興奮・恐怖・快感などで）ぞくぞくすること」、ride は「（遊園地などの）乗り物」。
❹	観覧車	Ferris wheel	観覧車の開発者の名前（Ferris）に由来する名称です。
❺	着ぐるみ	costume character	
❻	お化け屋敷	haunted house	haunted は「（建物などが）幽霊の出る」。
❼	コーヒーカップ	teacups	
❽	1日券	one-day pass	pass は「入場許可証、通行許可証、無料入場［乗車］券」。
❾	アトラクション	attractions	
❿	長蛇の列	a long line	
⓫	キャンプ場	campsite	
⓬	小屋	cabin	
⓭	寝袋	sleeping bag	
⓮	虫よけスプレー	insect repellent spray	insect は「昆虫」、repellent は「（昆虫などを）寄せ付けない」。
⓯	ハンモック	hammock	
⓰	クーラーボックス	cooler box	
⓱	ランタン	lantern	
⓲	たき火	campfire	「たき火を起こす」は make a campfire。
⓳	飯ごう、メスティン	mess tin	
⓴	マルチツールナイフ	multiuse pocket knife	multi- は「多数の〜」の意の語を作ります。

Collocation Quiz 🎧 042

1. 絶叫系の乗り物は
苦手だ。

I'm not a fan of thrill rides.
この fan は「(スポーツ・趣味などの) 愛好者」。

2. 観覧車に乗る

ride a Ferris wheel
動詞の ride には「(遊園地などの乗り物) に乗る」という意味もあります。

3. コーヒーカップに乗ると
気分が悪くなる。

I get sick when I ride in the teacups.
「気分が悪くなる」は get sick。

4. 新しいアトラクションに
わくわくする。

I'm excited about the new attraction.

5. 長蛇の列に並ぶ

stand in a long line
イベント、アトラクション、店舗などで人々が列を作っている様子を指します。

6. 虫よけスプレーを使う

use insect repellent spray

7. 食べ物と飲み物をクー
ラーボックスに入れる

put food and drinks in the cooler box

8. ランタンに明かりを
ともす

light up a lantern
light up 〜で「〜に明かりをともす、火をつける」。

9. たき火を囲む

gather around the campfire
gather around 〜で「〜の周りに集まる」。

10. 飯ごうでご飯を炊く

cook rice in a mess tin

Lalaはハンモックに寝転んでいます。
Lala is lying in the hammock.

Watching Sports

スポーツ観戦

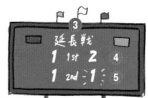

① スタジアム　s

② 横断幕　b

③ 延長戦　e　　　　t

④ 逆転する

　　m　　a c

⑤ 接戦　c　　　g

⑥ サポーター　f

⑦ 〜を応援する　c　　　　f　　〜

⑧ 双眼鏡　b

⑨ メガホン　c　　　m

⑩ お気に入りのチーム

　　o　　　f　　　　t

A Live Concert
ライブ参戦

⑪ 会場　v
⑫ 照明　l
⑬ ペンライト　g　　s
⑭ コールアンドレスポンス
　　c　　　a　　r
⑮ マイク　m

⑯ グッズ　m
⑰ ステージ　s
⑱ ツアー　t
⑲ セットリスト　s
⑳ アンコール　e

Answers 🎧 043

❶ スタジアム	stadium	di は「ジ」ではなく「ディ」。
❷ 横断幕	banner	
❸ 延長戦	extra time	extra は「余分の、追加の、臨時の」。
❹ 逆転する	make a comeback	comeback は「(試合中の) 巻き返し、逆襲、挽回、追い上げ」。
❺ 接戦	close game	close は「(選挙・競争・試合などが) 接戦の」。
❻ サポーター	fans	
❼ ～を応援する	cheer for ~	
❽ 双眼鏡	binoculars	複数形で使います。
❾ メガホン	cheer megaphone	megaphone は演説などで使う「拡声器」。スポーツ応援用のものには cheer を付けます。
❿ お気に入りのチーム	one's favorite team	
⓫ 会場	venue	venue は「(イベント・会議などの) 開催地、会場」。
⓬ 照明	lighting	
⓭ ペンライト	glow stick	glow は「(煙や炎のない) 輝き」。
⓮ コールアンドレスポンス	call and response	and は弱く速く発音します。
⓯ マイク	microphone	mic、mike とも言います。
⓰ グッズ	merchandise	merchandise は「商品、(関連) グッズ」。
⓱ ステージ	stage	「ステー」ではなく「スティ」。
⓲ ツアー	tour	t は「ツ」ではなく「トゥ」。
⓳ セットリスト	setlist	
⓴ アンコール	encore	

Collocation Quiz 🎧 044

1. スタジアムは観客で
   埋め尽くされている。

   The stadium is full of people watching.
   be full of 〜で「〜でいっぱいだ」。

2. 試合は延長戦で決着が
   ついた。

   The game was settled in extra time.
   be settled で「試合が終了し、勝敗が決まった」ことを表現しています。

3. 手に汗握る接戦

   a nail-bitingly close game
   nail-bitingly は「爪をかむほど緊張感がある」。

4. 地元のチームを応援する

   cheer for the home team

5. 双眼鏡でお気に入りの
   選手を見る

   watch favorite players with binoculars

6. ペンライトを振る

   wave a glow stick

7. ステージに近い席

   seats close to the stage
   「ステージから遠い席」 is seats far from the stage。

8. 全国ツアーが始まる

   start a nationwide tour
   nationwide は「全国的な、全国規模の」。「世界ツアー」は worldwide
   tour。

9. シングルとアルバム曲が
   組み合わされたセットリ
   スト

   a setlist combining singles and album tracks
   track は「（収録された）曲」。

10. アンコールがあった。

    They did an encore.
    They はアーティストを指します。

Lalaはステージの上にいます。
Lala is on the stage.

095

Karaoke
カラオケ

① カラオケ店　k　　　　　p

② ミラーボール　m　　　　b

③ 十八番（おはこ）の曲

　g　-t　s

④ 字幕　s

⑤ ストレスを発散する

　r　　　　s

⑥ 手拍子をする　c

⑦ タッチパネル　t　　　-s

⑧ 機種　m

⑨ ハーブティー　h　　　　t

⑩ 時間を延長する

　e　　　　o　　　t

⑪ J ポップ　　- p	⑰ 待ち時間　w　　　t
⑫ アニソン　a　　　s	⑱ 会員登録
⑬ 一人カラオケ　s　　k	m
⑭ 熱唱する	r
s　　p	⑲ 学割　s　　　　d
⑮ 点数　s	⑳ フリータイム
⑯ ドリンクバー　s　　　f	a　-y　　-c　-s　　p

Answers 🎧 045

❶ カラオケ店	karaoke place	place は「場所、(特定の)地域、住居、店」などを指します。
❷ ミラーボール	mirror ball	
❸ 十八番(おはこ)の曲	go-to song	go-to は「頼りになる、間違いない」。さまざまな場面で使える便利な表現。
❹ 字幕	subtitles	subtitles は映画、テレビ、そのほかさまざまな画面に表示される「字幕」を指します。
❺ ストレスを発散する	release stress	release は「(感情など)を発散する」。
❻ 手拍子をする	clap	
❼ タッチパネル	touch-screen	
❽ 機種	machine	karaoke machine、karaoke system とも言えます。
❾ ハーブティー	herbal tea	herbal は「ハーブの」。
❿ 時間を延長する	extend one's time	「〜を延長する」は extend 〜。
⓫ Jポップ	J-pop	
⓬ アニソン	anime song	
⓭ 一人カラオケ	solo karaoke	
⓮ 熱唱する	sing passionately	passionately は「情熱的に、熱烈に」。「〜を熱唱する」は sing 〜 passionately。
⓯ 点数	score	動詞としても使われ、score 〜で「〜を採点する」。a scoring system で「採点方式」。
⓰ ドリンクバー	soda fountain	soda fountain は清涼飲料水などを供給するための簡易な装置、設備。
⓱ 待ち時間	waiting time	
⓲ 会員登録	membership registration	membership は「会員資格、会員権」、registration は「登録」。
⓳ 学割	student discount	
⓴ フリータイム	all-you-can-sing package	「フリータイム」は和製英語。

Collocation Quiz 🎧 046

1. 『Lemon』は私の十八番の曲だ。   "Lemon" is my go-to song.

2. 字幕を見ながら歌う   sing along with the subtitles

3. カラオケでストレスを発散する   release stress through karaoke
through ～は「～を通じて、～によって」。

4. 曲に合わせて手拍子をする   clap along to the song

5. タッチパネルで曲を選ぶ   select songs using the touch-screen

6. 新しい機種を試してみる   try out the new machine
「～を試してみる」は try out ～。

7. ハーブティーでのどをいたわる   take care of my throat with herbal tea
take care of ～で「～を大事にする」。

8. 一人カラオケが大好きだ。   I love solo karaoke.
「好き」な対象が「物・こと」の場合は、よく love が使われます。

9. お気に入りの曲を熱唱する   sing one's favorite song passionately

10. 歌の点数に満足した。   I was happy with the score for my singing.

Lalaはミラーボールの上に座っています。
Lala is sitting on top of the mirror ball.

099

A Movie Theater
映画館

① 非常口　e　　　　　　　e

② 予告編　p

③ 受賞作

　a　　-w　　　m

④ 前売り券　a　　　　t

⑤ 小声で話す　　w

⑥ ポップコーン　p

⑦ 列　r

⑧ アクション映画　a　　　m

⑨ 大ヒット作　b

⑩ ドリンクホルダー　c　　h

The Theater
劇場

⑪ 劇　p

⑫ 千秋楽

　　t　l　d

　　(o　a p　　　　　　　)

⑬ 劇団

　　t　　　c

⑭ 出演者　t　　c

⑮ 主役　t　　m　　c

⑯ 舞台美術　s　　　d

⑰ カーテンコール　c　　　　c

⑱ 拍手　a

⑲ 喜劇　c

⑳ パンフレット　b

Answers 🎧047

❶ 非常口	emergency exit	exit は「(公共の建物・施設などの) 出口」。	
❷ 予告編	preview	preview は「(映画やテレビ番組などの) 予告編」。	
❸ 受賞作	award-winning movie	award は「賞」。win は「(賞など) を獲得する」。	
❹ 前売り券	advance ticket	advance は「前もっての」。	
❺ 小声で話す	whisper		
❻ ポップコーン	popcorn		
❼ 列	row		
❽ アクション映画	action movie		
❾ 大ヒット作	blockbuster	blockbuster は「(書籍や映画などの) 大ヒット作」。	
❿ ドリンクホルダー	cup holder		
⓫ 劇	play		
⓬ 千秋楽	the last day (of a performance)	performance は「(劇・音楽などの) 公演、演技、演奏」。	
⓭ 劇団	theatrical company	theatrical は「演劇の、劇場の」、company は「(俳優・ダンサーなどの) 一団」。	
⓮ 出演者	the cast	cast は「(映画・演劇などの) 出演者全員」を指します。	
⓯ 主役	the main character	main は「主要な、中心となる」、character は「(小説・劇・映画などの) 登場人物、配役」。	
⓰ 舞台美術	stage design		
⓱ カーテンコール	curtain call		
⓲ 拍手	applause	applause は「拍手、拍手喝采、称賛」。	
⓳ 喜劇	comedy	「悲劇」は tragedy。	
⓴ パンフレット	brochure		

Collocation Quiz 🎧 048

1. 映画の予告編を見る **watch a movie preview**
watchには「動きのあるものをじっと見る」というニュアンスがあります。

2. アカデミー賞受賞作を見る **watch an Academy Award-winning movie**

3. お気に入りの俳優について小声で話す **whisper about a favorite actor**
「俳優」は actor。

4. 5列目の中央の席 **a center seat in the fifth row**

5. 迫力があるアクション映画 **a powerful action movie**

6. ドリンクホルダーに飲み物を置く **place a drink in the cup holder**

7. 千秋楽のチケットを手に入れた。 **I got tickets for the last day (of the performance).**
「決まった公演の千秋楽」を指しているのでthe performanceとします。

8. 主役の演技が素晴らしかった。 **The main character's performance was excellent.**
excellentは「素晴らしい」。

9. 出演者に拍手を送った。 **We gave the performers a round of applause.**
a round of 〜で「ひとしきりの (拍手・歓声)」。

10. パンフレットに演出家へのインタビューが載っている。 **The brochure has an interview with the director.**
director は「演出家、(映画などの) 監督」。

Lalaは座席の背もたれの上にいます。
Lala is on top of a seat's backrest.

An Art Museum
美術館

① 油絵　o　p

② 肖像画　p

③ 静物画　s　l　p

④ 抽象画　a　　　p

⑤ 監視員　s　　　g

⑥ 彫刻　s

⑦ 撮影禁止

　　n　p

　　a

⑧ 企画展

　　s　　e

⑨ 図録　e　　　　　c

⑩ 入場料　a

A Museum
博物館

⑪ 所蔵品 c

⑫ 重要文化財

   i   c

   p

⑬ 土器 e

⑭ 順路

   s   r

⑮ 石像 s   s

⑯ 化石 f

⑰ はく製 t

⑱ 音声ガイド a   g

⑲ 骨格標本

   s   s

⑳ 説明文 d

Answers 🎧 049

❶ 油絵	oil painting		
❷ 肖像画	portrait	portrait は「（主に肩から上の）肖像画、人物写真」。
❸ 静物画	still life painting	still は「静止した」。
❹ 抽象画	abstract painting	abstract は「抽象的な」。
❺ 監視員	security guard	security は（形容詞的に）「保安の、警備の」。
❻ 彫刻	sculpture	
❼ 撮影禁止	no photography allowed	photography は「写真撮影」、allow は「〜を［〜することを］許す、許可する」。
❽ 企画展	special exhibition	exhibition は「展示、展覧会」。「常設展」は permanent exhibition。
❾ 図録	exhibition catalog	
❿ 入場料	admission	
⓫ 所蔵品	collection	collection は「所蔵品、収集物」。
⓬ 重要文化財	important cultural property	important は「重要な」、cultural は「文化の、文化的な」、property は「財産」。
⓭ 土器	earthenware	
⓮ 順路	suggested route	follow the route で「順路に従って進む」。
⓯ 石像	stone statue	
⓰ 化石	fossil	
⓱ はく製	taxidermy	
⓲ 音声ガイド	audio guide	
⓳ 骨格標本	skeletal specimen	skeletal は「骨格の」、specimen は「（動植物の）標本」。
⓴ 説明文	description	

Collocation Quiz 🎧 050

1. ルネサンス時代の静物画 — **Renaissance-era** still life paintings
-eraという接尾辞はある特定の時代や期間を示す際によく使われます。

2. パブロ・ピカソの有名な抽象画 — one of Pablo Picasso's famous **abstract paintings**

3. これは彼の彫刻の中で最も有名なものの一つだ。 — This is one of his most **well-known** sculptures.
well-knownは「よく知られた、有名な」。

4. 現代アメリカの版画家の企画展 — **a special exhibition** of a modern American **print artist**
modernは「現代の、近代の、現代〜、近代〜」。「版画家」はprint artist。

5. 入場料を支払う — **pay the** admission

6. この土器は重要文化財に指定されている。 — This **earthenware** has been designated as an important cultural property.
be designated as 〜で「〜に指定されている」。

7. シカのはく製 — **taxidermy** of a deer

8. 音声ガイドを利用する — **use the** audio guide

9. 恐竜の骨格標本 — **skeletal specimen** of a dinosaur

10. アンモナイトの化石についての説明文を読む — read a **description** of an ammonite **fossil**

Lalaは彫刻を見ています。
Lala is looking at a sculpture.

107

A Hotel
ホテル

① フロント　f　　　d	**⑦** 素泊まり
② バイキング　b	s　　w　　m
③ 宴会場　b　　　h	**⑧** 1泊2日
④ 朝食券	o　　n　　a　　t　　d
b　　　v	**⑨** ロビー　l
⑤ チェックインする　c　　　i	**⑩** カードキー　k　　c
⑥ コンシェルジュ　c	

⑪ 客室　g　　　r	⑰ アメニティーグッズ
⑫ ハウスキーパー	b　　a
h	⑱ 夜景　n　　v
⑬ 客　g	⑲ 観光マップ　t　　　m
⑭ アイロン　i	⑳ 横になる　l　　d
⑮ アイロン台　i　　　　b	
⑯ ドライヤー　b　　　d	

Answers 🎧 051

❶ フロント	**front desk**	deskを付けるのを忘れないように。
❷ バイキング	**buffet**	バイキングは和製英語。
❸ 宴会場	**banquet hall**	
❹ 朝食券	**breakfast voucher**	voucher は「(現金の代わりに使える)引換券、割引券」。
❺ チェックインする	**check in**	「チェックアウトする」は check out。
❻ コンシェルジュ	**concierge**	
❼ 素泊まり	**stay without meals**	stay は「滞在、宿泊」。without meals は「食事なしの」。
❽ 1泊2日	**one night and two days**	「1泊朝食付き」は one night with breakfast、one night includes breakfast。
❾ ロビー	**lobby**	
❿ カードキー	**key card**	日本で使われている単語の語順と異なります。
⓫ 客室	**guest room**	
⓬ ハウスキーパー	**housekeeper**	
⓭ 客	**guest**	
⓮ アイロン	**iron**	
⓯ アイロン台	**ironing board**	
⓰ ドライヤー	**blow dryer**	dryerだけだと「乾燥機」を意味します。
⓱ アメニティーグッズ	**bath amenities**	hotel toiletries とも言います。
⓲ 夜景	**night view**	view は「景色、眺め」。
⓳ 観光マップ	**tourist map**	
⓴ 横になる	**lie down**	

Collocation Quiz 🎧 052

1.	フロントで聞く	**ask at the** front desk
2.	朝食はバイキング形式。	**The breakfast is** buffet style.
3.	朝食券をもらう	**get a** breakfast voucher
4.	チェックインをお願いします。	**I would like to** check in, please. I would like to ～は「～したいと思う」。
5.	うっかりカードキーを置いて部屋を出た。	**I accidentally left the** key card in the room. accidentally は「誤って、うっかり」。
6.	アイロンを借りる	**borrow an** iron
7.	アメニティーグッズが充実している。	**The** bath amenities **are well provided.** provide は「（必要な物など）を供給する、用意する」。
8.	夜景を楽しむ	**enjoy the** night view
9.	観光マップをいただけますか？	**Could I get a** tourist map? 同じ意味で May I have a tourist map? もよく使われます。
10.	ベッドに横になる	**lie down** on the bed

Lalaは観光マップを見ています。
Lala is looking at a tourist map.

111

Travel in Japan
国内旅行

1 大浴場	**6** 和室
l c b	J -s r
2 露天風呂 o -a b	**7** 畳 t m
3 温泉 h s	**8** 床の間 t a
4 旅館 t i	**9** 掛け軸 h s
5 足湯 f b	**10** 刺し身の盛り合わせ
	a s

⑪ 世界遺産	⑰ 湖　l
W　　H　　　S	⑱ 観光客　t
⑫ パワースポット　s　　　s	⑲ 観光する　g　s
⑬ 紅葉　f　l	⑳ おすすめ撮影スポット
⑭ 富士山　M　　F	r
⑮ 五合目　f　s	p　s
⑯ 森　f	

Answers 🎧 053

❶ 大浴場	**large communal bath**	communal は「共同で使用する」。
❷ 露天風呂	**open-air bath**	open-air は「屋外の、野外の」。
❸ 温泉	**hot spring**	spring は「泉」。
❹ 旅館	**traditional inn**	traditional は「伝統的な」、inn は「(田舎の) 宿屋、小さな旅館」。
❺ 足湯	**foot bath**	
❻ 和室	**Japanese-style room**	
❼ 畳	**tatami mat**	
❽ 床の間	**tokonoma alcove**	alcove は「アルコーブ (部屋の壁の一部をくぼませて作った空間)」。
❾ 掛け軸	**hanging scroll**	hanging は「つるしてある」、scroll は「巻物」。
❿ 刺し身の盛り合わせ	**assorted sashimi**	assorted は「各種取りそろえた」。
⓫ 世界遺産	**World Heritage Site**	heritage は「遺産」、site は「場所」。
⓬ パワースポット	**sacred site**	sacred は「神聖な、聖なる」、site は「場所」。
⓭ 紅葉	**fall leaves**	fall は「秋、秋の」、leaves は「葉」。
⓮ 富士山	**Mount Fuji**	Mount 〜で「〜山」。略語の Mt. もよく使われます。
⓯ 五合目	**fifth station**	
⓰ 森	**forest**	
⓱ 湖	**lake**	
⓲ 観光客	**tourist**	
⓳ 観光する	**go sightseeing**	sightseeing は「観光」。
⓴ おすすめ撮影スポット	**recommended photo spot**	

Collocation Quiz  🎧 054

1.	露天風呂からの眺めを楽しむ	**enjoy the view from an** open-air bath
2.	旅行サイトで高評価の旅館	**a travel website's highly rated** traditional inn rate 〜は「〜を評価する」。
3.	足湯に足をつける	**soak my feet in a** foot bath soak 〜は「〜を (液体に) つける」。
4.	畳の上でくつろぐ	**relax on** tatami mats
5.	富士山はユネスコの世界遺産に指定されている。	**Mount Fuji is designated as a UNESCO** World Heritage Site.
6.	パワースポットに行くのが大好きだ。	**I love visiting** sacred sites.
7.	紅葉が美しい。	**The fall leaves** are beautiful.
8.	富士山の五合目までバスで行く	**take a bus to the** fifth station **of** Mount Fuji take+乗り物で「(乗り物) で行く、(乗り物) に乗る」。
9.	外国からの観光客が多い。	**There are many** tourists **from** abroad. 「外国からの」は from abroad。
10.	おすすめ撮影スポットから富士山の写真を撮る	**take pictures of** Mount Fuji **from a** recommended photo spot take a picture / take pictures で「写真を撮る」。

Lalaは足湯に足をつけています。
Lala is soaking her feet in a foot bath.

115

Travel Overseas
海外旅行

At a Restaurant
レストランで

① 窓際の席

　　t　　　b　t　　w

② 予約　r

③ チップ　t

④ 本日のおすすめ

　　t　　　s

⑤ 前菜　a

⑥ 主菜　m　　　c

⑦ ～を注文する　o

⑧ 同じもの　t　　s　　　t

⑨ 炭酸入りの水

　　s　　　w

⑩ 郷土料理

　　l　　　c

Shopping
買い物

Answers 🎧 055

❶ 窓際の席	table by the window	レストランの「(テーブル) 席」は table。
❷ 予約	reservation	reserve は「〜を予約する」。 「予約席」のサインは Reserved。
❸ チップ	tip	ti は「チ」ではなく「ティ」。
❹ 本日のおすすめ	today's special	
❺ 前菜	appetizer	
❻ 主菜	main course	course は「(コース料理の中の) 1品」。 コース料理全体は a full-course meal と言います。
❼ 〜を注文する	order	
❽ 同じもの	the same thing	
❾ 炭酸入りの水	sparkling water	fizzy water とも言います。 「炭酸なし」は still water。
❿ 郷土料理	local cuisine	cuisine は「(国・地方独特の) 料理 (法)、 (高級レストランなどで出される) 料理」。
⓫ 見ているだけ	just looking	
⓬ 大きすぎる	too big	
⓭ Sサイズ	size small	
⓮ ショルダーバッグ	shoulder bag	
⓯ 〜に似合う	suit	suit 〜は「(服・色などが) (人) に似合う」。
⓰ 試着室	fitting room	
⓱ 試着は3着まで	up to three items for trying on	up to 〜で「(数量などが) 〜まで」。
⓲ 花柄の	floral	
⓳ 〜を試着する	try on	try on 〜 / try 〜 on は 「(靴など) を試しに履いてみる」ときにも使えます。
⓴ ブラウス	blouse	

Collocation Quiz 🎧 056

1.	予約している	**have a** reservation
2.	チップを置いていく	**leave a** tip
3.	本日のおすすめをください。	**I'll have** today's special, **please.**
4.	彼女と同じものをください。	**Give me the same thing as her, please.**
5.	郷土料理を注文する	order the local cuisine
6.	見ているだけです。	**I'm just looking.** Can I help you find something?（何かお探しでしょうか）と聞かれたときに使えます。
7.	これのSサイズはありますか?	**Do you have this in size small?** 「これのもっと小さなサイズはありますか？」は Do you have this in a smaller size? です。
8.	その花柄のスカート、あなたに似合ってるね。	**That floral skirt suits you.**
9.	試着室は使用中だ。	**The fitting room is occupied.** be occupied は「トイレが使用中、席がふさがっている」場合にも使えます。
10.	半袖のブラウスを試着する	try on a short-sleeved blouse 「半袖の」は short-sleeved。

Lalaは洋服店の床にいます。
Lala is on the floor of the clothing store.

119

Pop Culture in Japan
日本のポップカルチャー

❶ 街頭ビジョン

   d   s

❷ スクランブル交差点

   s   c

❸ ボカロ V

❹ アニメ a

❺ クレーンゲーム c   g

❻ プリントシール機

   p   s   b

❼ フィギュア a   f

❽ ロケ地巡りをする

   v   t   l

❾ 自撮り s

❿ コスプレをする c

⑪ アイドル　i	⑯ わたあめ　c　　　　c
⑫ 二次元の　t　　-d	⑰ バックパック　b
⑬ レトロゲーム機	⑱ ゲーム　v　　　g
r　　g　　c	⑲ 動画を撮る　r　　　a v
⑭ 人気キャラクター	⑳ カプセルトイ　c　　　　t
p　　c	
⑮ サングラス　s	

Answers 🎧 057

❶ 街頭ビジョン	**digital signage**	液晶ディスプレーやプロジェクターを設置して広告や各種案内を表示するものをこう言います。
❷ スクランブル交差点	**scramble crossing**	Shibuya Scramble Crossing は外国人観光客に人気です。
❸ ボカロ	**Vocaloid**	「ボカロ」はボーカロイド (Vocaloid) の略。日本独特のものです。
❹ アニメ	**anime**	animation（アニメーション〈作品〉）を略した anime は「（日本の）アニメ」を指します。
❺ クレーンゲーム	**crane game**	
❻ プリントシール機	**photo sticker booth**	sticker は「ステッカー」、booth は「小さく仕切られた部屋」。
❼ フィギュア	**action figure**	腕や脚などを動かせるフィギュアを指します。
❽ ロケ地巡りをする	**visit the locations**	visit ～は「～を訪れる」、location は「ロケ地」
❾ 自撮り	**selfie**	
❿ コスプレをする	**cosplay**	cosplay は動詞で「コスプレをする、コスプレに参加する」。名詞で「コスプレ」という意味でも使えます。
⓫ アイドル	**idol**	
⓬ 二次元の	**two-dimensional**	～ -dimensional は「～次元の」。
⓭ レトロゲーム機	**retro game console**	console は「家庭用ゲーム機」。
⓮ 人気キャラクター	**popular character**	
⓯ サングラス	**sunglasses**	-es と複数扱いにすることに注意。
⓰ わたあめ	**cotton candy**	
⓱ バックパック	**backpack**	
⓲ ゲーム	**video game**	video game は画面上で映像を動かすゲーム。
⓳ 動画を撮る	**record a video**	
⓴ カプセルトイ	**capsule toy**	

Collocation Quiz 🎧 058

---

1. 推しのアイドルが
   街頭ビジョンに映った。

   My favorite idol appeared on the digital signage.

   「推しの〜」は my favorite 〜。

---

2. 彼は「アニメ愛」が
   高じて日本に住み
   始めた。

   He started living in Japan, driven by his passion for anime.

   driven by 〜で「〜に駆り立てられて、〜が高じて」、passion for 〜で「(〜に対する) 情熱、愛着」。

---

3. プリントシール機で
   写真を撮る

   take photos in a photo sticker booth

---

4. レアなフィギュアを
   集める

   collect rare action figures

---

5. 大好きな映画のロケ地
   巡りをする

   visit the locations of my favorite movie

---

6. 自撮りをする

   take a selfie

---

7. 人気キャラクターの
   コスプレをする

   cosplay as a popular character

   この as は「〜として (の)」。

---

8. このゲーム、
   やめられないんだよね。

   I can't stop playing this video game.

   「〜をやめられない」は can't stop 〜。

---

9. スマホで動画を撮る

   record a video with a smartphone

---

10. かわいいカプセルトイ
    をお土産にする

    get cute capsule toys as souvenirs

    「かわいいカプセルトイをお土産として手に入れる」という意味です。

Lalaはアイドルショップの前にいます。
Lala is in front of the idol shop.

Health and Working Out
健康・運動

カロリー消費量のめやす

❶ ジム g

❷ サウナ s

❸ 岩盤浴 h　s　　b

❹ 運動着 w　　　c

❺ ストレッチをする s

❻ カロリー c

❼ 減量する l　　w

❽ 筋肉 m

❾ 肩凝り
　　s　　　s

❿ 腰痛 l　　b　p

⓫ トレーナー t

⑫ 汗　s	⑱ 腹筋
⑬ エアロバイク　e　　　　b	a　　　　　　　m
⑭ ルームランナー　t	⑲ ヨガ　y
⑮ ベンチプレス　b　　　p	⑳ ピラティス　P
⑯ 筋トレ　s　　　　　t	
⑰ 腕立て伏せ　p　　-u	

Answers 🎧 059

❶ ジム	gym		
❷ サウナ	sauna		
❸ 岩盤浴	hot stone bath		
❹ 運動着	workout clothes	workout は「（体を鍛えるための）運動」。
❺ ストレッチをする	stretch		
❻ カロリー	calories	calories と複数形で使うことが多いです。
❼ 減量する	lose weight	lose weight で「体重を落とす」。
❽ 筋肉	muscles	muscles と複数形で使うことが多いです。
❾ 肩凝り	shoulder stiffness	stiffness は「（筋肉が）凝っていること」。
❿ 腰痛	lower back pain	lower は「下部の」、back は「背中」、pain は「痛み」。
⓫ トレーナー	trainer		
⓬ 汗	sweat		
⓭ エアロバイク	exercise bike	exercise は「（健康のための）運動」。
⓮ ルームランナー	treadmill	treadmill は「回転するベルトの上を走るトレーニング器具」を指します。
⓯ ベンチプレス	bench press		
⓰ 筋トレ	strength training	strength は「体力」。
⓱ 腕立て伏せ	push-ups		
⓲ 腹筋	abdominal muscles	abdominal は「腹部の」。
⓳ ヨガ	yoga		
⓴ ピラティス	Pilates		

Collocation Quiz 🎧 060

1. サウナに入る | **enter the** sauna
「友達などと一緒にサウナに入る」ときは go into the sauna がよく使われます。

2. カロリーを消費する | **burn** calories
burn 〜は「(カロリー・脂肪など) を燃焼させる」。

3. 減量に取り組んでいる。 | **I'm working on losing weight.**
work on -ing で「〜することに取り組む」。

4. 筋肉を鍛える | **strengthen my** muscles
strengthen は「〜を強くする、強化する」。

5. ジムでエアロバイクに乗る | **ride an** exercise bike **at the** gym

6. ルームランナーでランニングする | **run on a** treadmill

7. ベンチプレスをする | **do** bench presses

8. 腕立て伏せをする | **do** push-ups

9. 腹筋を鍛える | **train the** abdominal muscles

10. 健康のためにヨガをしている。 | **I am doing** yoga **for my health.**
「ヨガ [ピラティス] をする」は do yoga / do Pilates。

Lalaはストレッチをしています。
Lala is stretching.

127

Smartphones & PCs & Cameras

スマホ・PC・カメラ

❶ 縦向きに撮る*

　u　p　　v

❷ 横向きに撮る*

　u　l　　　v

❸ インフルエンサー　i

❹ 配信　s

❺ アプリ　a

❻ 通知　n

❼ 不在着信　m　　c

❽ 写真をインスタに上げる

　p　　a p　　o

　l

❾ 〜を充電する　c

❿ マナーモード　s　　m

　　　　　　　　　＊「縦向きモードを使う」「横向きモードを使う」と表現します。

⑪ 集合写真　g　　　p

⑫ LINE の ID を交換する

　e　　　　　L　　l

⑬ ソフト　s

⑭ バックアップ　b

⑮ 三脚　t

⑯ 望遠レンズ　t　　　　　　l

⑰ カメラマン　p

⑱ デジタル一眼レフカメラ

　D　　c

⑲ 添付ファイル　a　　　　　　　f

⑳ デジタルカメラ

　d　　　c

Answers 🎧 061

❶ 縦向きに撮る	**use portrait view**	portraitは 「(写真・文書などが) 縦長の」。
❷ 横向きに撮る	**use landscape view**	landscapeは 「(写真・文書などが) 横長の」。
❸ インフルエンサー	**influencer**	
❹ 配信	**stream**	streamは「〜を配信する」という 動詞としても使われます。
❺ アプリ	**app**	applicationの略です。
❻ 通知	**notification**	
❼ 不在着信	**missed call**	missは「〜を受け [取り] 損なう」、 callは「通話」。
❽ 写真をインスタに上げる	**post a photo on Instagram**	post 〜 on . . . は「〜を…に投稿する」。
❾ 〜を充電する	**charge**	
❿ マナーモード	**silent mode**	マナーモードは和製英語。
⓫ 集合写真	**group photo**	
⓬ LINEのIDを交換する	**exchange Line IDs**	exchange 〜は「〜を交換する」。
⓭ ソフト	**software**	
⓮ バックアップ	**backup**	
⓯ 三脚	**tripod**	
⓰ 望遠レンズ	**telephoto lens**	
⓱ カメラマン	**photographer**	「(映画・テレビなどの) カメラマン」は cameraperson、camera operator。
⓲ デジタル一眼レフカメラ	**DSLR camera**	DSLRはdigital single-lens reflexの略。 フィルムを使用した一眼レフはSLR camera。
⓳ 添付ファイル	**attached file**	attach 〜は「(ファイル) を添付する」。
⓴ デジタルカメラ	**digital camera**	

Collocation Quiz 🎧 062

1. 人気インフルエンサー
   の生配信を見る
   watch a popular influencer's live **stream**

2. アプリを開く
   open the app

3. 通知を確認する
   check one's notifications

4. 不在着信がないか
   確認する
   check for missed calls
   check for ～は「～がないか確認する」という意味です。

5. スマホを充電する
   charge a smartphone
   「カメラ［そうじ機］を充電する」は charge the camera [vacuum cleaner]。

6. マナーモードに
   切り替える
   switch to silent mode
   「～に切り替える」は switch to ～。

7. 新しいソフトを
   インストールする
   install new software

8. データのバックアップ
   を取る
   take a backup **of the data**

9. 趣味はデジタル一眼
   レフカメラで写真を
   撮ることです。
   My hobby is taking photos with a DSLR **camera.**
   「趣味」は hobby。

10. 添付ファイルを開く
    open an attached file

Lalaは「マナーモード」の表示の
後ろにいます。
**Lala is behind the "Silent Mode"
sign.**

Stationery

文房具

❶ はさみ　s

❷ 両面テープ

　 d　　 -s　　 t

❸ マスキングテープ

　 m　　 t

❹ ホチキス　s

❺ 水性ペン

　 w　　 -b　　 p

❻ ノート　n

❼ 油性ペン　o　 -b　　 p

❽ ペン立て　p　 s

❾ 消しゴム　e

❿ 定規　r

⑪ 穴あけパンチ　h　　　p	⑯ シャーペン
⑫ 蛍光ペン　h	m　　　　p
⑬ ルーズリーフ	⑰ 修正テープ　c　　　　t
l　　-l　　p	⑱ ボールペン　b　　　　p
⑭ バインダー　b	⑲ 消せるペン　e　　　　p
⑮ シャーペンの芯	⑳ カッターナイフ　u　　　k
m　　　　p　　l	

Answers 🎧 063

	日本語	英語	解説
1	はさみ	**scissors**	scissors と複数扱い。「はさみ1丁 [本]」は a pair of scissors。
2	両面テープ	**double-sided tape**	double-sided は「両面が使える」。
3	マスキングテープ	**masking tape**	
4	ホチキス	**stapler**	「ホチキスの針」は staples、「ホチキスで〜を…に留める」は staple 〜 to ...で、この staple は動詞。
5	水性ペン	**water-based pen**	-based は「〜を基 [ベース] にした」という形容詞を作ります。
6	ノート	**notebook**	note だと「覚え書き、メモ」。
7	油性ペン	**oil-based pen**	
8	ペン立て	**pen stand**	
9	消しゴム	**eraser**	
10	定規	**ruler**	
11	穴あけパンチ	**hole punch**	
12	蛍光ペン	**highlighter**	動詞 highlight は「(文書の一部) を蛍光ペンで目立たせる」。
13	ルーズリーフ	**loose-leaf paper**	
14	バインダー	**binder**	
15	シャーペンの芯	**mechanical pencil lead**	この lead は「レド」と発音。
16	シャーペン	**mechanical pencil**	「シャープペンシル」は和製英語。
17	修正テープ	**correction tape**	「修正」は correction。
18	ボールペン	**ballpoint pen**	「ボールペン」は和製英語。
19	消せるペン	**erasable pen**	「消せる」は erasable。
20	カッターナイフ	**utility knife**	「カッターナイフ」は和製英語。box cutter とも言います。

Collocation Quiz 🎧 064

1. はさみで紙を切る
cut paper with scissors
with ～は「(道具) ～で」。

2. 両面テープでポスター
を貼る
attach a poster with double-sided tape

3. きれいなマスキング
テープで封をする
seal it with pretty masking tape
seal ～ with . . . で「～に…で封をする」。

4. 水性ペンで色を塗る
color it with a water-based pen
color は「(～に) 色を塗る」。

5. ノートにメモを書く
write notes in a notebook

6. 定規で直線を引く
draw straight lines with a ruler
draw ～は「(ペン・鉛筆などで)(線)を引く、(線画・図形など)を描く」。

7. 蛍光ペンで重要な部分
を目立たせる
highlight important parts with a highlighter

8. シャーペンで書く
write with a mechanical pencil

9. 消せるペンは仕事に
絶対必要だ。
An erasable pen **is a must-have for work.**
must-have は「絶対必要なもの」。

10. カッターナイフを使って
段ボール箱を切り開く
use a utility knife **to cut open a cardboard box**

Lalaは蛍光ペンが引かれた紙を見ています。
**Lala is looking at a piece of paper
marked with a highlighter.**

135

Clothing and Grooming
衣服・身だしなみ

1 髪をセットする　s　　o　　h

2 腕時計　w

3 えり　c

4 ネクタイ　t

5 スーツ　s

6 パーカー　h

7 無地の　s　　- c

8 寝癖　b　　h

9 くし　c

10 トレーナー　s

11 コンタクトレンズ

　　c　　　　l

⑫ ジャージ　t

⑬ 眼鏡　g

⑭ ボーダーの　s

⑮ 着こなしがうまい人

　 s　　　 d

⑯ イメージチェンジする

　 g　　 o　　　　 a m

⑰ ボタン　b

⑱ Tシャツ　　 - s

⑲ しわ　w

⑳ 爪切り　n　　 c

Answers 🎧 065

❶ 髪をセットする	set one's hair	
❷ 腕時計	watch	
❸ えり	collar	
❹ ネクタイ	tie	necktie という言葉もありますが、日常的には tie が使われます。
❺ スーツ	suit	t は「ツ」でなく「トゥ」。
❻ パーカー	hoodie	フード付きのトップスやスエットをこのように言います。
❼ 無地の	solid-colored	
❽ 寝癖	bed hair	
❾ くし	comb	comb は動詞としても使われます。comb one's hair で「髪をくしでとかす」。
❿ トレーナー	sweatshirt	trainer は「（スポーツ選手などの）コーチ」を指すので注意。
⓫ コンタクトレンズ	contact lenses	
⓬ ジャージ	tracksuit	track（陸上競技）用の suit（上下セット）という意味です。
⓭ 眼鏡	glasses	-es と複数扱いにすることに注意。
⓮ ボーダーの	striped	「ボーダー（横じま）の」も「ストライプ（縦じま）の」も striped です。
⓯ 着こなしがうまい人	stylish dresser	
⓰ イメージチェンジする	give oneself a makeover	makeover は「（髪型・服装などの）イメージチェンジ、模様替え、改装」。
⓱ ボタン	button	「バツン」のように発音します。
⓲ Tシャツ	T-shirt	
⓳ しわ	wrinkles	通常は複数形で使います。布の「しわ」も、顔の「しわ」も wrinkles と言います。
⓴ 爪切り	nail clippers	-s と複数扱いになることに注意。

Collocation Quiz 🎧 066

1. 会社に行くときは
腕時計をつける。

When I go to work, I wear my watch.

2. 無地の服は合わせ
やすい。

Solid-colored clothes are easy to match.

match 〜は「(物が)(物)と合う、調和する」。

3. 寝癖を直す

fix bed hair

fix 〜は「(髪・服装・化粧など)を整える」。

4. 外出するときはコンタ
クトレンズをつける。

When I go out, I wear contact lenses.

5. ジャージを着て
ジョギングをする

jog in a tracksuit

「〜を着て」は in 〜、「ジョギングをする」は jog。

6. お気に入りの眼鏡を
かける

put on my favorite pair of glasses

「〜をかける」という動作は put on 〜、「〜をかけている」という状態は wear 〜。

7. ついにイメージ
チェンジした。
すごい気に入ってる！

I finally gave myself a makeover. I love it!

8. ボタンをつける

attach a button

9. アイロンでシャツの
しわを取る

iron out the wrinkles from a shirt

iron out 〜で「(しわなど)をアイロンで取る」。

10. 爪切りで爪を切る

cut one's nails with nail clippers

Lalaはパーカーのポケットの中にいます。
Lala is in the pocket of the hoodie.

Beauty
美容

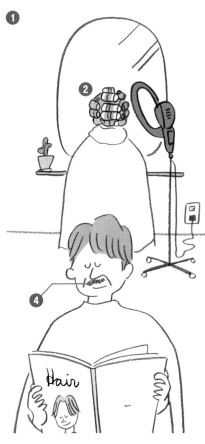

① 美容室　b　　　　s

② パーマをかける　g　　a p

③ くせっ毛

　　n　　w　　h

④ 口ひげ　m

⑤ もみあげ　s

⑥ あごひげ　b

⑦ 美容師　h

⑧ 髪を切ってもらう

　　g　　a h

⑨ 前髪　b

⑩ ヘアスタイル　h

⑪ 髪を染める　d　　o　　　h

⑫ セミロングの
　s　　　-l

⑬ エステサロン　b　　　s

⑭ ネイル　n

⑮ マニキュア　n　　p

⑯ 眉毛　e

⑰ ニキビ　a

⑱ ピアス　e

⑲ 化粧　m

⑳ 香水　p

Answers 🎧 067

❶ 美容室	beauty salon	「ヘアカット、ネイルケア、スキンケア等の サービスを提供する場所」を指します。	
❷ パーマをかける	get a perm	perm は動詞として I had my hair permed. （髪にパーマをかけてもらった）のようにも使えます。	
❸ くせっ毛	naturally wavy hair	naturally は「生まれつき」、 wavy は「うねった」。	
❹ 口ひげ	mustache		
❺ もみあげ	sideburns	顔の左右にあるので複数形で使います。	
❻ あごひげ	beard		
❼ 美容師	hairstylist	hairdresser とも言います。	
❽ 髪を切ってもらう	get a haircut		
❾ 前髪	bangs	通常は複数形で使います。	
❿ ヘアスタイル	hairstyle		
⓫ 髪を染める	dye one's hair		
⓬ セミロングの	shoulder-length	shoulder-length は「肩まで届く長さの」。	
⓭ エステサロン	beauty spa	spa は「マッサージ、フェイシャルトリートメント などのサービスを提供する場所」を指します。	
⓮ ネイル	nails	「ネイルサロン」は nail salon。	
⓯ マニキュア	nail polish		
⓰ 眉毛	eyebrows	「まつ毛」は eyelashes。	
⓱ ニキビ	acne	acne は「ニキビ」の医学用語。日常会話では pimple（ニキビ、吹き出物）が使われます。	
⓲ ピアス	earrings	earrings は「耳につけるジュエリー」。pierced earrings （ピアス）と clip-on earrings（イヤリング）の総称。	
⓳ 化粧	makeup		
⓴ 香水	perfume		

Collocation Quiz 🎧 068

1.	アプリで美容室に予約を入れる	**book an appointment at the** beauty salon **on the app**
2.	美容師に相談する	**talk to a** hairstylist
		talk to 〜（〜に相談に乗ってもらう）はカジュアルな表現です。
3.	ヘアスタイルを変える	**change my** hairstyle
		「はやりのヘアスタイルにする」は get a trendy hairstyle。
4.	髪を暗い茶色に染めてもらう	**get** my hair dyed **dark brown**
		「get ＋名詞＋動詞の過去分詞形」で「〜を…してもらう」。
5.	セミロングのヘアスタイルにしてください。	**Please give me a** shoulder-length hairstyle.
6.	マニキュアを塗る	**apply** nail polish
		化粧品を塗るときは apply 〜 / put on 〜、取るときは remove 〜 / take off 〜。
7.	眉毛を整える	**shape my** eyebrows
		「眉毛の形を整える」という意味です。
8.	ニキビのケアをする	**take care of one's** acne
		ニキビの治療やケアをすることを指しています。
9.	化粧をする	**do my** makeup
10.	大好きな香水をつける	**put on my favorite** perfume
		「〜をつける」という動作は put on 〜、「〜をつけている」という状態は wear 〜。

Lalaは中央の鏡の近くにいます。
Lala is near the center mirror.

On the Train

電車の中

❶ 車内放送

   t   a

❷ 弱冷房車　m

   a -c   c

❸ 乗客　p

❹ 学校の制服　s   u

❺ 参考書　t

❻ 駅を乗り過ごす

   m   o   s

❼ 手すり　h

❽ 吊り革　s

❾ 文庫本　p   b

❿ 網棚　r

⑪ 液晶ディスプレイ

   L   d

⑫ （電車の）路線図　t　　　m

⑬ 快速　r　　　t

⑭ 乗車時間　t　　　t

⑮ 高齢者　o　　　p

⑯ うとうとする　d　　　o

⑰ 吊り広告

   h   a

⑱ 優先席　p　　　s

⑲ 妊婦さん　p　　　w

⑳ 席を譲る

   g   u   o   s

Answers 🎧 069

❶	車内放送	train announcement	
❷	弱冷房車	mildly air-conditioned car	mildly は「控えめに、穏やかに」。
❸	乗客	passenger	
❹	学校の制服	school uniform	
❺	参考書	textbook	「教科書、参考書、試験対策書」などは textbook と言えます。
❻	駅を乗り過ごす	miss one's station	「自分の降りるべき駅で降りそびれる」という意味です。
❼	手すり	handrail	
❽	吊り革	strap	
❾	文庫本	pocket book	「ポケット版の本」という意味です。
❿	網棚	rack	
⓫	液晶ディスプレイ	LCD display	LCD は Liquid Crystal Display（液晶の表示装置）の略。
⓬	（電車の）路線図	train map	
⓭	快速	rapid train	
⓮	乗車時間	travel time	さまざまな交通手段や移動手段において使われる表現です。
⓯	高齢者	older person	elderly（年配の）は失礼な表現と受け取られることがあるので older を使うのが無難。
⓰	うとうとする	doze off	doze off は「（特に日中に）うたた寝する」。
⓱	吊り広告	hanging advertisement	advertisement は ad と略されることも多いです。
⓲	優先席	priority seat	
⓳	妊婦さん	pregnant woman	
⓴	席を譲る	give up one's seat	

Collocation Quiz 🎧 070

1.	スマホで動画を見ていて、駅を乗り過ごした。	I missed my station **while watching a video on my smartphone.** while ～は「～している間に」。
2.	手すりをつかむ	**grab the** handrail grab ～（～をつかむ）はカジュアルな表現。
3.	吊り革につかまる	**hold onto the** strap hold onto ～で「～につかまる、しがみつく」。
4.	電車内では文庫本を読む。	**On the train, I read a** pocket book.
5.	網棚に荷物を置く	**place luggage on the** rack
6.	路線図を確認する	**check the** train map
7.	快速に乗る	**take the** rapid train
8.	東京駅までの乗車時間を確認する	**check the** travel time **to Tokyo Station**
9.	吊り広告を見る	**look at the** hanging advertisements
10.	妊婦さんに席を譲る	give up my seat **for a** pregnant woman

Lalaは座席に座っています。
Lala is sitting on a seat.

A Station
駅

❶ 地下鉄　s

❷ 自動販売機

　　v　　　m

❸ 出口　e

❹ 2番線　T　　　N　　2

❺ ホーム　p

❻ 通勤者　c

❼ 自動改札

　　a　　　　t　　　　g

❽ 乗り換える　t

❾ 定期券、パス　p

❿ 交通系電子マネーカード

　　(p　　　　)e-m　　　c

⑪ 電光掲示板　e	⑯ 満員電車　c　　　　t
d　　　　b	⑰ ホーム係員　p　　　　g
⑫ 急行　e　　　　t	⑱ 点字ブロック　t　　　　p
⑬ 各駅停車　l　　　　t	⑲ Suica をチャージする*
⑭ 特急	p　m　　　o　m　S
l　　　e　　　　t	⑳ 券売機
⑮ 電車遅延　t　　　d	t　　　v　　　m

＊Suica は JR 東日本などで導入されている共通乗車カード　149

Answers 🎧 071

❶ 地下鉄	subway	
❷ 自動販売機	vending machine	vend ～は「～を販売する」。
❸ 出口	exit	「南口」であれば South Exit。
❹ 2番線	Track No. 2	track には「線路、～番線」という意味があります。
❺ ホーム	platform	
❻ 通勤者	commuter	「通学者」も commuter。 「～に通勤する、通学する」は commute to ～。
❼ 自動改札	automatic ticket gate	gate は「門、改札」。 「東口の改札」なら the east gate。
❽ 乗り換える	transfer	
❾ 定期券、パス	pass	
❿ 交通系電子マネーカード	(prepaid) e-money card	prepaid は「プリペイドの、前払いの」。
⓫ 電光掲示板	electronic display board	
⓬ 急行	express train	
⓭ 各駅停車	local train	local には「各駅停車の」という意味があります。 「普通列車」も local train です。
⓮ 特急	limited express train	limited は「(鉄道・バスなどが) 特急の」。
⓯ 電車遅延	train delay	
⓰ 満員電車	crowded train	crowded は「混雑した、混み合った」。
⓱ ホーム係員	platform guard	
⓲ 点字ブロック	tactile paving	tactile は「触覚の、触知できる」paving は 「舗装」。tactile strips とも言います。
⓳ Suica をチャージする	put money on my Suica	charge up my Suica も使えます。charge up + (カード) で「(カード) にお金を追加する」。
⓴ 券売機	ticket vending machine	

Collocation Quiz 🎧 **072**

1.	自動販売機で飲み物を買う	**buy a drink from a** vending machine
2.	京都行きの列車は2番線から発車します。	**The train for Kyoto leaves from** Track No. 2. leave は「出発する」。
3.	ホームが混雑している。	**The** platform **is crowded.**
4.	自動改札を通る	**pass through the** automatic ticket gate
5.	銀座線に乗り換える	**transfer to the** Ginza Line transfer to ～で「～に乗り換える」。
6.	急行に乗る	**take the** express train
7.	特急はこの駅で停車する。	**The** limited express train **stops at this station.**
8.	満員電車を1本見送った。	**I let one** crowded train **pass by.** pass by は「通り過ぎる」。
9.	電車遅延についてホーム係員に尋ねる	**ask a** platform guard **about the** train delay
10.	券売機が故障している。	**The** ticket vending machine **isn't working.** A isn't working. で「Aが機能していない」。

Lalaは券売機の上にいます。
Lala is on top of the ticket vending machine.

Roads
道路

❶ 高速道路　e

❷ 有料道路　t　　r

❸ トンネル　t

❹ 料金所　t　　b

❺ 道路標識　t　　　s

❻ 工事　c

❼ 通行止め　r　　　c

❽ 渋滞　t　　　　j

❾ 車線　l

❿ バイク　m

⑪ 地下道　u

⑫ 交差点　i

⑬ 歩道　s

⑭ 横断歩道　c

⑮ 歩行者　p

⑯ 自転車　b

⑰ 踏切　r　　　　c

⑱ 坂を上って　u

⑲ 一方通行の　o　　- w

⑳ 歩道橋

　　p　　　　　　b

Answers 🎧 073

❶ 高速道路	expressway		
❷ 有料道路	toll road	toll は「通行料金、使用料金」。
❸ トンネル	tunnel	発音は「タヌル」に近く、「トンネル」とはかなり違います。
❹ 料金所	toll booth		
❺ 道路標識	traffic sign	traffic は「交通（量）」、sign は「標示、標識」。
❻ 工事	construction		
❼ 通行止め	road closure	closure は「（橋・道路などの一時的な）封鎖、閉鎖」。
❽ 渋滞	traffic jam	jam は「混雑、ぎっしり詰まって身動きがとれないこと」。
❾ 車線	lane		
❿ バイク	motorcycle		
⓫ 地下道	underpass	underpass は「（鉄道・道路の下の）地下通路、ガード下、（立体交差の）下の道路」。
⓬ 交差点	intersection		
⓭ 歩道	sidewalk		
⓮ 横断歩道	crosswalk		
⓯ 歩行者	pedestrian	「歩行者（用）の」の意味で形容詞としても使われます。
⓰ 自転車	bike	日常的には、bicycle より bike のほうがよく使われます。
⓱ 踏切	railroad crossing	railroad は「鉄道」、crossing は「横断、踏切」。
⓲ 坂を上って	uphill	「坂を下って」は downhill。
⓳ 一方通行の	one-way		
⓴ 歩道橋	pedestrian bridge	「歩行者用の橋」という意味。

Collocation Quiz 🎧 074

1.	高速道路のサービス エリアで休憩した。	**We stopped at the expressway rest area.** rest area は「休憩所、サービスエリア」。アメリカの rest area は店を併設して いません。
2.	トンネルを抜ける	**pass through the tunnel** pass through ～で「～を通り抜ける」。
3.	通行止めは 工事のせいだ。	**The road closure is due to construction.** due to ～で「～が原因［理由］で」。
4.	渋滞に巻き込まれる	**get caught in a traffic jam**
5.	車線を変更する	**change lanes**
6.	交差点で左折する	**turn left at an intersection** turn は「曲がる」。
7.	歩道を歩く	**walk on a sidewalk**
8.	横断歩道を渡る	**cross a crosswalk**
9.	車で坂を上っていった。	**I drove uphill.** 「歩いて坂を上っていった」は I walked uphill.
10.	歩道橋を利用する	**use a pedestrian bridge**

Lalaは歩道にいます。
Lala is on the sidewalk.

Buses
バス

① ターミナル　t

② バス停　b　　s

③ ラッピング広告
　　w　　a

④ 高速バス　e　　　　b

⑤ 酔い止め薬　m
　　s　　　m

⑥ 日帰りバスツアー
　　o　-d　　b　　t

⑦ 通路側　a　　　s

⑧ 窓側　w　　　　s

⑨ リクライニング　r

⑩ 夜行バス　o　　　　　　b

⑪ リムジンバス　l　　　　　　b

⑫ 時刻表　t

⑬ 接近表示

　　a　　　　　　　d

⑭ 路線バス　r　　　　　b

⑮ （小銭に）両替する　g　c

⑯ 小学生　e

　　s　　　s

⑰ 降車ボタン　s　　b

⑱ 背もたれ　b

⑲ ひじ掛け　a

⑳ 一律運賃　f　　f

Answers 🎧 075

❶	ターミナル	terminal	
❷	バス停	bus stop	
❸	ラッピング広告	wrap advertising	
❹	高速バス	express bus	
❺	酔い止め薬	motion sickness medication	motion sickness は「乗り物酔い」、medication は「薬」。
❻	日帰りバスツアー	one-day bus tour	「日帰りの」は one-day（1日の）で表せます。
❼	通路側	aisle side	「（乗り物・施設内の）通路」は aisle。
❽	窓側	window side	
❾	リクライニング	reclining	
❿	夜行バス	overnight bus	overnight は「夜通しの、1泊（用）の」。
⓫	リムジンバス	limousine bus	
⓬	時刻表	timetable	
⓭	接近表示	approaching display	approach は「接近する」。
⓮	路線バス	route bus	route は「（バス・鉄道などの）路線」。
⓯	（小銭に）両替する	get change	change は「つり銭、小銭、くずしたお金」。
⓰	小学生	elementary school student	「中学生」は junior high school student、「高校生」は high school student。
⓱	降車ボタン	stop button	
⓲	背もたれ	backrest	
⓳	ひじ掛け	armrest	
⓴	一律運賃	flat fare	flat は「均一な」、fare は「（交通機関の）運賃、料金」。

Collocation Quiz 076

1.	バス停で待つ	**wait at the** bus stop
2.	酔い止め薬を服用する	**take** motion sickness medication
3.	日帰りバスツアーに参加する	**join a** one-day bus tour 「〜に参加する」は join 〜。
4.	窓側に座る	**sit on the** window side
5.	夜行バスに乗る	**take an** overnight bus
6.	時刻表を確認する	**check the** timetable
7.	1000円札を小銭に両替する	**get change** for a 1,000 yen bill 「紙幣、札」は bill。
8.	降車ボタンを押す	**press the** stop button 「（ボタン・スイッチなど）を押す」は press 〜。
9.	背もたれにもたれかかる	**lean against the** backrest 「〜にもたれかかる、寄りかかる」は lean against 〜。
10.	このバスは210円の一律運賃だ。	**This bus has a** flat fare **of 210 yen.**

Lalaはバスの窓のそばにいます。
Lala is by the bus window.

Cars
車

❶ フロントガラス w

❷ バックミラー（ルームミラー）

r m

❸ ハンドル s w

❹ カーナビ

c n s

❺ サイドブレーキ p b

❻ 運転免許証 d l

❼ ペーパードライバー

i d

❽ シートベルト s b

❾ 運転席 d s

❿ 助手席 p s

⑪ サイドミラー

　s 　-v 　　m

⑫ ワイパー　w 　　　　　w

⑬ ボンネット　h

⑭ ナンバープレート

　l 　　　p

⑮ ガソリンスタンド　g 　　s

⑯ 交通情報　t 　　　　i

⑰ チャイルドシート　c 　　s

⑱ 後部座席　b 　　s

⑲ Bluetoothで曲を流す　p

　m 　　v 　B

⑳ 消臭剤　a 　f

Answers 🎧 077

❶	フロントガラス	**windshield**	「フロントガラス」は和製英語。
❷	バックミラー（ルームミラー）	**rearview mirror**	「バックミラー」は和製英語。
❸	ハンドル	**steering wheel**	「ハンドル」は和製英語。
❹	カーナビ	**car navigation system**	GPSと呼ぶこともあります。
❺	サイドブレーキ	**parking brake**	「サイドブレーキ」は和製英語。
❻	運転免許証	**driver's license**	
❼	ペーパードライバー	**inexperienced driver**	inexperiencedは「経験の足りない」。
❽	シートベルト	**seat belt**	
❾	運転席	**driver's seat**	
❿	助手席	**passenger seat**	passengerに's はつけません。
⓫	サイドミラー	**side-view mirror**	
⓬	ワイパー	**windshield wipers**	
⓭	ボンネット	**hood**	「ボンネット」は和製英語。
⓮	ナンバープレート	**license plate**	イギリスではnumber plateと言います。
⓯	ガソリンスタンド	**gas station**	「ガソリンスタンド」は和製英語。
⓰	交通情報	**traffic information**	
⓱	チャイルドシート	**child seat**	
⓲	後部座席	**back seat**	
⓳	Bluetoothで音楽を流す	**play music via Bluetooth**	viaは「〜によって、〜の媒介で」。
⓴	消臭剤	**air freshener**	

Collocation Quiz 🎧 078

1. フロントガラスが曇った。 **The windshield has fogged up.**
   fog up で「(ガラス・鏡などが) 曇る」。

2. ハンドルを握る **hold a steering wheel**
   hold 〜は「〜を持つ、握る」。

3. 運転免許証を更新する **renew a driver's license**
   renew 〜は「(契約・会員資格・免許など) を更新する」。

4. シートベルトを締める **fasten a seat belt**
   fasten 〜は「〜をしっかり留める、固定する」。

5. 助手席で道案内をする **give directions from the passenger seat**
   directions は「指示」。

6. ガソリンスタンドで給油する **fill up at a gas station**
   fill up は「給油する、満タンにする」。

7. スマホで交通情報をチェックする **check traffic information on my smartphone**
   「スマホで」は on one's smartphone。

8. 後部座席に座る **sit in a back seat**

9. Bluetoothで自分の大好きな音楽を流す **play my favorite music via Bluetooth**

10. 車の床に消臭剤を置く **place an air freshener on the car floor**

Lalaは後部座席で横になっています。
Lala is lying down on a back seat.

163

An Airport
空港

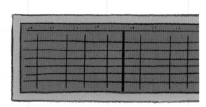

❶ 国内線　d　　　　　　f	❽ 往復チケット
❷ 保安検査場　s　　　　c	r　　-t　　t
❸ 機内持ち込み手荷物　c　　-o	❾ 地上勤務職職員
❹ 搭乗券　b　　　　p	g　　　　s
❺ 出発　d	❿ 手荷物　b
❻ 到着　a	⓫ チェックイン　c　　　-i
❼ 搭乗口　b　　　　g	

⑫ 国際線　i　　　　　　　f		⑰ 乗り継ぎ便
⑬ 直行便　n　　　　f		c　　　　　　f
⑭ 税関　c		⑱ パスポート　p
⑮ 入国（出国）審査所		⑲ 動く歩道　m　　　w
i		⑳ 客室乗務員
⑯ 手荷物受取所		
b　　　c　　　a		f　　a

Answers 🎧 079

❶ 国内線 — **domestic flight**
domestic は「国内の」、flight は「（航空機の）定期航空便」。

❷ 保安検査場 — **security check**
security だけで「（空港の）セキュリティーチェック」を表せます。

❸ 機内持ち込み手荷物 — **carry-on**
carry-on は「機内に持ち込める」という意味。日常会話では「機内持ち込み手荷物」を指します。

❹ 搭乗券 — **boarding pass**
boarding は「搭乗、乗船」。

❺ 出発 — **departure**
「出発する」は depart。

❻ 到着 — **arrival**
「到着する」は arrive。

❼ 搭乗口 — **boarding gate**

❽ 往復チケット — **round-trip ticket**
round trip は「往復旅行」。

❾ 地上勤務職員 — **ground staff**

❿ 手荷物 — **baggage**
baggage は「（旅行時の）手荷物」。

⓫ チェックイン — **check-in**
check-in は「チェックイン、（空港などでの）搭乗手続き」。

⓬ 国際線 — **international flight**

⓭ 直行便 — **nonstop flight**

⓮ 税関 — **customs**
「税関」を表すときは custom の複数形を使います。

⓯ 入国（出国）審査所 — **immigration**

⓰ 手荷物受取所 — **baggage claim area**
claim には「自分の物として取り戻すこと」という意味合いがあります。

⓱ 乗り継ぎ便 — **connecting flight**
connect は「（電車・飛行機などが）接続する、連絡する」。

⓲ パスポート — **passport**

⓳ 動く歩道 — **moving walkway**

⓴ 客室乗務員 — **flight attendant**

Collocation Quiz 🎧080

1.	国内線の航空券を安く買った。	**I bought a couple of** domestic flight **tickets at a low price.** a couple of 〜は「2、3の〜」。at a low price は「安い価格で」。
2.	保安検査場に長い列ができている。	**There's a long line for the** security check.
3.	搭乗券を見せる	**show my** boarding pass
4.	飛行機の出発時間が遅れている。	**The airplane's** departure **time is delayed.**
5.	鹿児島空港への予定到着時刻は午前9時です。	**The scheduled** arrival **time at Kagoshima Airport is 9:00 a.m.** アナウンスなどでよく聞く表現です。
6.	搭乗口に向かう	**head to the** boarding gate 「〜に向かう」は head to 〜。
7.	手荷物を預ける	**check my** baggage 「(空港・駅などで搭乗・乗車前に)(荷物)を預ける」は check 〜。
8.	自動チェックイン機	**check-in** kiosk いくつかの言い方がありますが、アメリカの空港や成田空港ではこの表現が使われています。
9.	手荷物受取所で荷物を受け取る	**pick up** baggage **at a** baggage claim area pick up 〜で「(物)を受け取る、取りに行く」。
10.	乗り継ぎ便に乗り換える	**transfer to a** connecting flight

Lalaは動く歩道から降りたところです。
Lala has gotten off the moving walkway.

In Town
街中

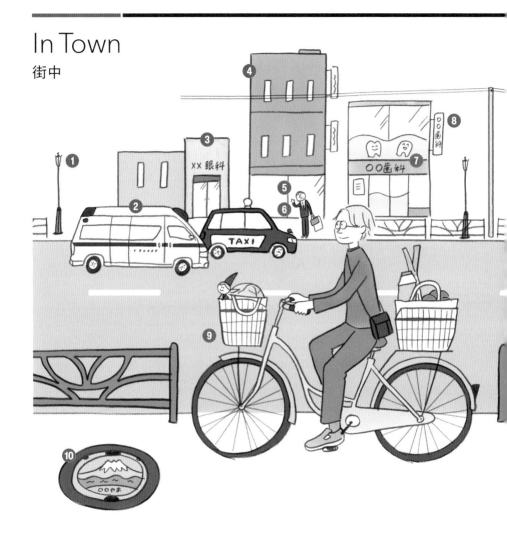

❶ 街灯　s

❷ 救急車　a

❸ 眼科医院　e　　c

❹ ビル　b

❺ サラリーマン　o　　　w

❻ タクシーをつかまえる

　　h　　a t

❼ 歯科医院　d　　　　o

❽ 看板　s

❾ ママチャリ　c　　b

❿ マンホール　m

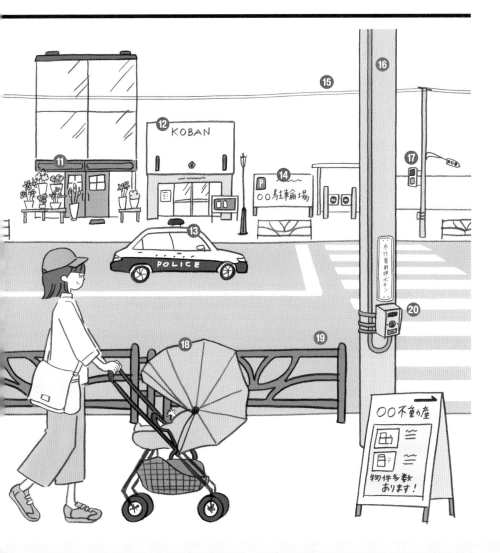

⑪ 花屋　f　　　　s

⑫ 交番　p　　　b

⑬ パトカー　p　　　c

⑭ 駐輪場

　　b　　　p　　　l

⑮ 電線　p　　　l

⑯ 電柱　u　　　p

⑰ 信号機　t　　　l

⑱ ベビーカー　s

⑲ ガードレール　g

⑳ 押しボタン式信号

　　p　　　　- c

　　s

Answers 🎧 081

❶ 街灯	streetlight	
❷ 救急車	ambulance	「消防車」は firetruck、fire engine。
❸ 眼科医院	eye clinic	clinic は「診療所、診療科」。
❹ ビル	building	「ビル」は和製英語。building は「建物」。
❺ サラリーマン	office worker	「サラリーマン」は和製英語。
❻ タクシーをつかまえる	hail a taxi	hail a taxi は「タクシーを（手をあげて）止める」。「（タクシー乗り場などで）タクシーに乗る」は take a taxi。
❼ 歯科医院	dentist's office	dentist は「歯科医」。
❽ 看板	signboard	
❾ ママチャリ	city bike	「かご付きの」は with a basket。「電動自転車」は electric bike、e-bike と言います。
❿ マンホール	manhole	
⓫ 花屋	flower shop	
⓬ 交番	police box	
⓭ パトカー	police car	
⓮ 駐輪場	bicycle parking lot	
⓯ 電線	power lines	
⓰ 電柱	utility pole	utility は「公共サービス」。
⓱ 信号機	traffic light	
⓲ ベビーカー	stroller	「ベビーカー」は和製英語。
⓳ ガードレール	guardrail	
⓴ 押しボタン式信号	pedestrian-control signal	

Collocation Quiz 🎧 082

1.	3階階建てのビル	**a three-story** building story は「(建物の) 階」。主に建物全体の構造について話す際に使います。
2.	歯科医院に予約を入れる	**make an appointment at the** dentist's office make an appointment は「予約をする」。
3.	ママチャリで買い物に行こう。	**I'm going shopping on my** city bike. go shopping で「買い物に行く」。
4.	マンホールのふたに地元の名所が描かれている。	**The** manhole **covers show local landmarks.** 「ふた」は cover、「地元の名所」は local landmark。
5.	花屋で季節の花を買う	**buy seasonal flowers at the** flower shop
6.	交番にスマホを届けた。	**I turned in a smartphone at the** police box. turn in 〜で「(落とし物など) を (警察などに) 提出する」。
7.	駅の近くの駐輪場	**a** bicycle parking lot **near the station**
8.	日本にはたくさんの電線と電柱がある。	**Japan has a lot of** power lines **and** utility poles.
9.	赤ちゃんをベビーカーに乗せて散歩に出かける	**take a stroll with my baby in the** stroller take a stroll は「散歩に出かける」。「ベビーカーに乗せた赤ちゃんと一緒に散歩する」という意味です。
10.	押しボタン式信号のボタンを押す	**press the** pedestrian-control signal **button**

Lalaはママチャリのかごの中にいます。
Lala is in the basket of the city bike.

A Hospital
病院

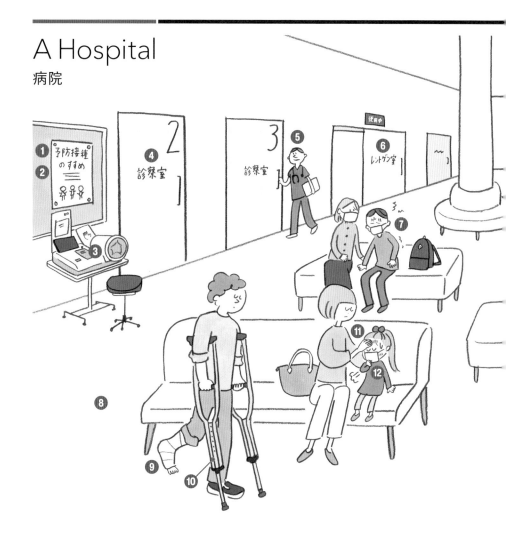

❶ 予防接種　v		❼ 風邪　c
❷ インフルエンザ　f		❽ 待合室　w　　　　r
❸ 血圧　b　　　p		❾ 脚を骨折した
❹ 診察室		b　　　o　　l
e　　　　　　　r		❿ 松葉杖　c
❺ 内科医　p		⓫ 熱　f
❻ レントゲン　　-r		⓬ せき　c

⑬ 健康診断

    m   c

⑭ 腹痛　s

⑮ 車椅子　w

⑯ 整形外科医　o

⑰ めまいがする　f　　d

⑱ のどの痛み　s　　t

⑲ 鼻水が出る　r　　　n

⑳ 健康保険証

    h   i   c

Answers 🎧 083

❶	予防接種	**vaccination**	vaccination は「ワクチン接種、予防接種」。
❷	インフルエンザ	**flu**	influenza の略です。
❸	血圧	**blood pressure**	pressure は「（液体や気体の）圧力」。「気圧」は air pressure。
❹	診察室	**examination room**	examination は「診察、検診」。
❺	内科医	**physician**	physician は「内科医、医師」。
❻	レントゲン	**X-ray**	X-ray は「レントゲン写真、レントゲン検査」。
❼	風邪	**cold**	
❽	待合室	**waiting room**	
❾	脚を骨折した	**broke one's leg**	break ～は「（体の一部）を骨折する、（骨）を折る」。broke は break の過去形。
❿	松葉杖	**crutches**	左右2本で一組みなので複数形で使います。
⓫	熱	**fever**	
⓬	せき	**cough**	
⓭	健康診断	**medical checkup**	medical は「医学の、医療の」、checkup は「健康診断」。
⓮	腹痛	**stomachache**	stomach は「胃、腹」、ache は「（継続的で鈍い）痛み」。「胃痛」も stomachache です。
⓯	車椅子	**wheelchair**	
⓰	整形外科医	**orthopedist**	「外科医」は surgeon。
⓱	めまいがする	**feel dizzy**	feel は「～（の感じ・気分・体調）を覚える」、dizzy は「めまいがする」。
⓲	のどの痛み	**sore throat**	sore は「（体の一部が）（けが・筋肉痛・炎症などのせいで）痛い」。
⓳	鼻水が出る	**runny nose**	
⓴	健康保険証	**health insurance card**	insurance は「保険」。

Collocation Quiz 🎧 084

1. インフルエンザの予防
   接種を受ける予定だ。 | **I'm getting a** flu vaccination.
   「予防接種を受ける」は get a vaccination。

2. 血圧を測る | **check my** blood pressure

3. 診察室に入る | **go into an** examination room

4. レントゲンを撮る | **take an** X-ray
   X-rayの発音は母音で始まるので冠詞はanになることに注意。

5. 風邪をひいている | **have a** cold
   have a coldは「風邪をひいている」状態、catch a coldは「風邪をひく」とい
   う、身に変化が起こることを指します。

6. 熱がある | **have a** fever

7. 健康診断を受ける | **get a** medical checkup

8. 今朝から腹痛がする。 | **I have had a** stomachache **since this morning.**

9. のどが痛くて鼻水が
   出る | **have a** sore throat **and a** runny nose
   「鼻水が出る」は have a runny nose。

10. 健康保険証を見せる | **show my** health insurance card

Lalaは長椅子の上にいます。
Lala is on a bench.

The Bank

銀行

① 口座　a

② 暗証番号　P

③ （銀行の）窓口係　t

④ 預金（する）　d

⑤ 〜を引き出す　w

⑥ 〜を振り込む　t

⑦ 紙幣　b

⑧ 貯金　s

⑨ 通帳　p

⑩ 残高　b

The Post Office
郵便局

⑪ 郵便局員　p　　　　c

⑫ 郵便料金　p

⑬ 番号札

　　n　　　　　t

⑭ 財布　w

⑮ 荷物　p

⑯ 返信用住所　r　　　　a

⑰ 速達の　e

⑱ 郵便番号　z　　c

⑲ 航空便　a

⑳ 不在連絡票

　　u　　　　　　i

　　n

Answers 🎧 085

❶	口座	**account**	
❷	暗証番号	**PIN**	PIN は Personal Identification Number の略。
❸	（銀行の）窓口係	**teller**	
❹	預金（する）	**deposit**	deposit には（名詞）「（銀行への）預金」、（動詞）「（金）を（銀行口座などに）預金する」という意味があります。
❺	〜を引き出す	**withdraw**	
❻	〜を振り込む	**transfer**	
❼	紙幣	**bill**	
❽	貯金	**savings**	savings には「貯金、貯金額」などの意味があります。
❾	通帳	**passbook**	bankbook とも言います。
❿	残高	**balance**	balance は「（預金・貸し借りの）残高」。
⓫	郵便局員	**postal clerk**	
⓬	郵便料金	**postage**	
⓭	番号札	**numbered ticket**	numbered は「番号がつけられた」。
⓮	財布	**wallet**	
⓯	荷物	**package**	
⓰	返信用住所	**return address**	「差出人住所」のことです。return は「返信用の、返送先の」。「返信用封筒」は a return envelope。
⓱	速達の	**express**	
⓲	郵便番号	**zip code**	
⓳	航空便	**airmail**	
⓴	不在連絡票	**undeliverable item notice**	undeliverable は「配達できない」、item は「物品」、notice は「通知」。

Collocation Quiz 🎧 086

1.	普通預金口座	**checking** account savings account とも言います。
2.	暗証番号を間違える	**enter the wrong PIN**
3.	定期預金口座にお金を 預金する	**deposit money into a Certificate of Deposit (CD)** 「定期預金口座」は Certificate of Deposit（略して CD）と言います。
4.	ATMでお金を引き出す	**withdraw money from an ATM** ATM は Automated Teller Machine の略。
5.	通帳に記帳する	**update a passbook** update 〜は「〜を最新のものにする」。
6.	残高を確認する	**check a balance**
7.	郵便局員に 郵便料金について尋ねる	**ask a postal clerk about postage**
8.	番号札を取る	**take a numbered ticket**
9.	書類を速達で送る	**send documents by express mail**
10.	不在連絡票を郵便局に 持って行く	**take an undeliverable item notice to the post office** 「〜を持って行く」は take 〜。

Lalaは番号札発券機のところにいます。
Lala is at the numbered ticket issuing machine.

A Buddhist Temple

仏教の寺

① 仏教　B

② 本堂　m　　h

③ 仏像　B　　　　s

④ さい銭箱　o　　　　　b

⑤ キク　c

⑥ 墓参りをする

　　v　　t　　f　　　g

⑦ 僧侶　B　　　　m

⑧ お経　s

⑨ 合掌　p　　h

　　t　　　i　p

⑩ 数珠　p　　b

A Shinto Shrine

神社

⑪ 絵馬 *e   v   p*

⑫ おみくじ

   f   s

⑬ お守り c

⑭ お参りする p

⑮ 御朱印帳

   p   b

⑯ 神主 S   p

⑰ 狛犬

   g   l   -d

⑱ 鳥居 t   g

⑲ みこ s   m

⑳ 手水（ちょうず）舎

   p   f

Answers 🎧 087

❶ 仏教	**Buddhism**	
❷ 本堂	**main hall**	
❸ 仏像	**Buddhist statue**	Buddhist は（形容詞）「仏陀の、仏教（徒）の」、（名詞）「仏教徒」。statue は「像」。
❹ さい銭箱	**offertory box**	offertory は「（教会などへの）献金」。
❺ キク	**chrysanthemums**	
❻ 墓参りをする	**visit the family grave**	「墓」は grave。go ではなく visit（〜を訪れる）を使います。
❼ 僧侶	**Buddhist monk**	monk は「僧」。
❽ お経	**sutra**	
❾ 合掌	**press hands together in prayer**	prayer は「祈り、祈りの言葉」。press 〜は「〜を押しつける」。
❿ 数珠	**prayer beads**	
⓫ 絵馬	*ema* **votive plaques**	votive は「奉納された」、plaque は「飾り板」。
⓬ おみくじ	**fortunetelling slips**	fortune は「運勢」。運勢を告げる slip（紙片）という意味です。
⓭ お守り	**charms**	
⓮ お参りする	**pray**	pray は「祈る」。
⓯ 御朱印帳	**pilgrimage booklet**	pilgrimage は「（聖地への）巡礼」、booklet は「小冊子」。
⓰ 神主	**Shinto priest**	priest は「聖職者」。
⓱ 狛犬	**guardian lion-dogs**	guardian は「守護者」。
⓲ 鳥居	**torii gate**	
⓳ みこ	**shrine maiden**	shrine は「神社」、maiden は「乙女」。
⓴ 手水（ちょうず）舎	**purification fountain**	purification は「清めること」、fountain は「泉」。

Collocation Quiz 🎧 **088**

1. 本堂でお参りする
   pray at the main hall
   本堂で祈りを捧げる場合は pray を使います。

2. 仏像を見ると穏やかな
   気持ちになる。
   When I see a Buddhist statue, I feel calm.
   calm は「(人・気持ち・態度などが) 落ち着いた、穏やかな」。

3. さい銭箱にお金を入れる
   put money into the offertory box

4. キクをお墓に供える
   offer chrysanthemums **at the grave**
   「~を供える」は offer ~。

5. お経を唱える
   chant sutras
   chant~は「(お経など) を唱える、(聖歌など) を詠唱する」。

6. おみくじを引く
   draw a fortunetelling slip
   「~を引く」は draw ~。

7. 交通安全のお守りを買う
   buy a traffic safety charm

8. 御朱印帳に神社の御朱印
   を集める
   collect shrine seals in the pilgrimage booklet
   seal は「印、印章」。

9. 鳥居をくぐる
   pass through the torii gate
   pass through ~で「通り抜ける」。

10. 手水舎で手を洗う
    wash one's hands at the purification fountain

Lalaはお墓参りに行くところです。
Lala is on her way to visiting a grave.

183

January
1月

① 正月休み　　N　Y　　h

② 実家　p　　　　h

③ 成人の日　　C　　-o　-A　D

④ 初詣　f　　s　　v
　　o　t　n　y

⑤ 干支（えと）　C　　　　z

⑥ 暖房　h

⑦ 結露　c

⑧ 親戚　r

⑨ みかん　m　　　　o

⑩ 年賀状　N　Y　　c

February

2月

⑪ 大雪　h　　　s

⑫ ツバキ　c

⑬ 雪かきをする　s　　　s

⑭ ニット帽　b

⑮ マフラー　s

⑯ 手袋　g

⑰ 雪だるま　s

⑱ 息　b

⑲ 寒くて震える
　　s　　f　　t　　c

⑳ ダウンジャケット
　　d　　j

Answers 🎧 089

❶ 正月休み	**New Year holidays**	
❷ 実家	**parents' [parent's] home**	「親の家」という意味です。
❸ 成人の日	**Coming-of-Age Day**	coming of age は「成人になること」。
❹ 初詣	**first shrine visit of the new year**	
❺ 干支 (えと)	**Chinese zodiac**	Japanese zodiac でもいいです。
❻ 暖房	**heating**	「暖房器具」は a heater。「電気ストーブ」は an electric heater、「ファンヒーター」は a fan heater。
❼ 結露	**condensation**	
❽ 親戚	**relatives**	
❾ みかん	**mandarin orange**	mandarin だけでも通じます。
❿ 年賀状	**New Year's card**	
⓫ 大雪	**heavy snowfall**	heavy「多量の」、snowfall は「降雪」。heavy snow とも言えます。
⓬ ツバキ	**camellias**	
⓭ 雪かきをする	**shovel snow**	shovel 〜は「(土・石・雪・石炭など) をシャベルですくう」。
⓮ ニット帽	**beanie**	
⓯ マフラー	**scarf**	scarf は「マフラー」も「スカーフ」も指します。
⓰ 手袋	**gloves**	左右一対なので通常は複数形で使います。
⓱ 雪だるま	**snowman**	欧米の雪だるまは3段重ねで作られることが多いです。
⓲ 息	**breath**	
⓳ 寒くて震える	**shiver from the cold**	shiver は「(人が) (寒さ・興奮・恐怖などで) (ぶるぶると) 震える」。
⓴ ダウンジャケット	**down jacket**	jacket の t は弱く発音します。日本語の「ト」にならないように。

Collocation Quiz 🎧 090

1.	正月休みにのんびりする	**take it easy during the** New Year holidays take it easy は「のんびりする」。
2.	実家に帰省する	**go back to my** parents' [parent's] home
3.	暖房をつける	**turn on the** heating
4.	親戚が集まる。	**My** relatives **get together.**
5.	年賀状で旧友の近況を知る。	**I find out how my** old friends **are doing in their** New Year's cards. find out 〜で「(情報や事実) を知る」。
6.	大雪になっているね！	**We're having a** heavy snowfall! 現在進行中の大雪の様子を伝える表現です。
7.	家の周りの雪かきをする	**shovel snow around the house**
8.	手編みのマフラー	**hand-knitted** scarf
9.	雪だるまをつくる	**build a** snowman build 〜は「〜をつくる」。雪玉を積み上げるイメージから build が使われます。
10.	息が白く見える。	**I can see my** breath.

Lalaは雪だるまをつくっています。
Lala is building a snowman.

187

March

3月

① ひな祭り D　　　F	**⑥** 持ち寄りパーティー
② 桃の花　p　　　b	p　　　　p
③ お彼岸　e　　　　　　w	**⑦** 手まりずし
④ 卒業式	b　-s　　　　s
g　　　　　c	**⑧** ババロア　B　　　　　c
⑤ ワンピース　d	**⑨** 花粉症　h　　f
	⑩ くしゃみをする　s

April
4月

⑪ 満開　f　　　b	⑰ 花見　c　　　　b
⑫ 菜の花　c　　　　　f	v　　　p
⑬ 新入社員　n　　　e	⑱ ペットボトル　p　　　　b
⑭ 幹事　c	⑲ 巻きずし　s　　　r
⑮ 枝　b	⑳ セーター　s
⑯ 河川敷　r	

Answers 🎧 091

❶ ひな祭り	**Doll Festival**	
❷ 桃の花	**peach blossoms**	blossom（花）は主に桜など 果物の樹木に咲く花を指します。
❸ お彼岸	**equinoctial week**	equinoctial は「春分［秋分］の」。 名詞 equinox は「春分［秋分］」。
❹ 卒業式	**graduation ceremony**	graduation は「卒業」、ceremony は「儀式、式典」。 「入学式」は entrance ceremony。
❺ ワンピース	**dress**	「ワンピース」は和製英語。
❻ 持ち寄りパーティー	**potluck party**	potluck は「各自が料理を持ち寄る会食」。
❼ 手まりずし	**ball-shaped sushi**	
❽ ババロア	**Bavarian cream**	
❾ 花粉症	**hay fever**	hay fever は「花粉症などのアレルギー性鼻炎」。
❿ くしゃみをする	**sneeze**	sneeze は「くしゃみ」という名詞としても使われます。
⓫ 満開	**full bloom**	full は「完全な」、bloom は「開花（期）、花」。
⓬ 菜の花	**canola flowers**	
⓭ 新入社員	**new employee**	
⓮ 幹事	**coordinator**	coordinator は「（企画・活動などの） コーディネーター、調整役、まとめ役」。
⓯ 枝	**branch**	
⓰ 河川敷	**riverbank**	
⓱ 花見	**cherry blossom viewing party**	
⓲ ペットボトル	**plastic bottle**	「ペットボトル」は和製英語。 「ペットボトル入りのお茶」は bottled tea。
⓳ 巻きずし	**sushi rolls**	
⓴ セーター	**sweater**	

Collocation Quiz 🎧 092

1. ひな祭りにひな人形を
   飾る
   decorate *hina* **dolls for the** Doll Festival

2. 娘に卒業式用の
   ワンピースを買った。
   I bought a dress for my daughter for her
   graduation ceremony.

3. 持ち寄りパーティーを
   する
   have a potluck party

4. 手作りのイチゴの
   ババロア
   homemade strawberry Bavarian cream

5. 花粉症のせいで
   くしゃみをする
   sneeze because of hay fever
   because of 〜で「〜のため、〜のせいで」。

6. 桜の花が満開だ。
   The cherry blossoms are in full bloom.
   in full bloom は「満開で」。

7. 新入社員を歓迎する
   welcome new employees
   welcome 〜は「〜を歓迎する」。

8. 花見の幹事
   the coordinator **for the** cherry blossom viewing
   party

9. 巻きずしと揚げ物を
   用意する
   prepare sushi rolls **and fried food**
   prepare 〜は「〜を用意する」。fried dishes は「揚げ物料理」。

10. 薄手のセーター
    thin sweater
    thin は「(厚さが) 薄い、薄手の」。「厚手の」は thick。

Lalaはひな人形のそばにいます。
Lala is by the *hina* dolls.

191

May

5月 ❶ ❷

❶ ゴールデンウイーク

　　G　　　　W

❷ こどもの日　C　　　　　　　D

❸ 新緑　f　　　g

❹ 藤棚　w　　　　t

❺ そよ風　g　　　　　b

❻ 七分袖

　　t　　　-q　　　　s

❼ チェックの　c

❽ こいのぼり　c　　　s

❾ 田　r　　f

❿ アヤメ　i

June
6月

⑪ 梅雨　r　　　　s	⑮ 天気予報
⑫ にわか雨　s	w　　　　f
⑬ アジサイ　h	⑯ 水玉の　p　　　- d
⑭ 晴雨兼用傘	⑰ レインコート　r
u　　　　f　b　r	⑱ 長靴　r　　b
a　　s	⑲ 水たまり　p
	⑳ 蒸し蒸しする　h

Answers 🎧 093

#	日本語	English	注釈
1	ゴールデンウイーク	**Golden Week**	和製英語ですがそのまま使い、a period of various holidays などと説明しましょう。
2	こどもの日	**Children's Day**	
3	新緑	**fresh greenery**	fresh は「新鮮な」、greenery は「草木、青葉、緑の景色」。
4	藤棚	**wisteria trellis**	wisteria は「フジ」、trellis は「(つる植物の) つる棚、格子垣」。
5	そよ風	**gentle breeze**	gentle は「穏やかな」、breeze は「そよ風」。
6	七分袖	**three-quarter sleeves**	three-quarter は「4 分の 3 の (長さの)、七分の」。
7	チェックの	**checked**	
8	こいのぼり	**carp streamers**	carp は「コイ」、streamer は「吹き流し、風になびくもの」。
9	田	**rice fields**	field は「(通例区画された) 畑、田」。
10	アヤメ	**irises**	
11	梅雨	**rainy season**	rainy は「雨の、雨の多い」。
12	にわか雨	**shower**	shower は「にわか雨 [雪]、短時間で止む雨 [雪、あられ、みぞれ]、夕立」。
13	アジサイ	**hydrangeas**	
14	晴雨兼用傘	**umbrella for both rain and sunshine**	
15	天気予報	**weather forecast**	weather は「天気」、forecast は「予報、予測」。
16	水玉の	**polka-dot**	
17	レインコート	**raincoat**	
18	長靴	**rain boots**	
19	水たまり	**puddle**	
20	蒸し蒸しする	**humid**	humid は「湿気のある、蒸し蒸しする」。

Collocation Quiz 🎧 094

1.	新緑の季節	**the season of** fresh greenery
2.	藤棚の名所	**a famous** wisteria trellis
		「〜の名所」は「famous 〜」(有名な〜) とします。
3.	そよ風が心地よい	**enjoy the** gentle breeze
4.	こいのぼりが風に舞う。	Carp streamers **flutter in the wind.**
		flutter は「(旗・手などが) はためく、ひらひらする」。
5.	田が一面に広がっていた。	Rice fields **stretched out as far as the eye can see.**
		stretch out は「(土地などが) 広がる」、as far as the eye can see は「見渡す限り」。can が現在形なのは、現在も「田が一面に広がっている」ことを表しているためです。
6.	急になにわか雨にあった	**caught in a sudden** shower
7.	晴雨兼用傘をいつも持ち歩いている。	I always carry an umbrella for both rain and sunshine.
		carry 〜は「〜を持ち歩く」。
8.	スマホで天気予報をチェックする	**check the** weather forecast **on my smartphone**
9.	長靴を履いている	**wear** rain boots
10.	水たまりを避ける	**avoid** puddles

Lalaはアヤメを見ています。
Lala is looking at the irises.

195

July

7月

① 夏休み　s　　　　v

② 海水浴場　b

③ ビーチパラソル
　　b　　　u

④ 水着　s

⑤ 海水パンツ　s　　t

⑥ 貝殻　s

⑦ 浮き（輪）　f

⑧ ビーチサンダル　f　　-f

⑨ 海の家　b　　　h

⑩ 麦わら帽子　s　　　h

August

8月

⑪ 花火　f

⑫ 夏祭り　s　　　　f

⑬ 屋台　(f　　)s

⑭ ノースリーブの　s

⑮ かき氷　s　　　i

⑯ 蚊に刺される

　　b　b　　b　am

⑰ うちわ　p　　　　f

⑱ 熱帯夜　t　　　n

⑲ 夏バテ　s　　　　f

⑳ 風鈴

　　J　　w　c

Answers 🎧 095

❶	夏休み	**summer vacation**	vacation は「(学校・仕事などの) 休暇」。
❷	海水浴場	**beach**	
❸	ビーチパラソル	**beach umbrella**	parasol (パラソル) という言葉もありますが、beach umbrella のほうが一般的。
❹	水着	**swimsuit**	swimsuit は「(通例、女性用のワンピースの) 水着」。bathing suit も同じ意味です。
❺	海水パンツ	**swim trunks**	
❻	貝殻	**seashell**	
❼	浮き (輪)	**float**	形にかかわらず、海やプールに浮かべるものを float と言います。
❽	ビーチサンダル	**flip-flops**	beach sandals とも言いますが、flip-flops のほうが一般的です。
❾	海の家	**beach house**	「海の家」を一言で伝えるのは難しいので、施設の様子を説明するといいでしょう。
❿	麦わら帽子	**straw hat**	straw は「麦わら」。
⓫	花火	**fireworks**	「手持ちの花火」は sparklers と言います。
⓬	夏祭り	**summer festival**	
⓭	屋台	**(food) stall**	「食べ物の屋台」には food を付けます。
⓮	ノースリーブの	**sleeveless**	「ノースリーブ」は和製英語。
⓯	かき氷	**shaved ice**	shave 〜は「〜を薄く削る」。
⓰	蚊に刺される	**be bitten by a mosquito**	bitten は bite (〈蚊・昆虫などが〉〈〜を〉刺す、かむ) の過去分詞形。
⓱	うちわ	**paper fan**	
⓲	熱帯夜	**tropical night**	
⓳	夏バテ	**summer fatigue**	fatigue は「疲労」。
⓴	風鈴	**Japanese wind chime**	

Collocation Quiz 🎧 096

1.	毎年家族と海水浴場に行く。	I go to the beach with my family every year.
2.	ビーチパラソルの下で寝そべる	lie down under a beach umbrella
3.	貝殻を拾う	pick up seashells
4.	浮き輪を持って海に入る	go into the sea with a float go into ～で「～の中に入る」。
5.	海の家で昼ごはんを食べる	have lunch at a beach house
6.	今、年1回の花火大会が行われている。	The annual fireworks festival is happening now. annual は「年1回の、例年の」。
7.	屋台でたこ焼きを食べる	eat *takoyaki* at the food stall
8.	お祭りでうちわをもらった。	I got a paper fan at the festival.
9.	ここのところ夏バテ気味だ。	I've been feeling a bit of summer fatigue lately. a bit of ～で「少しの～」。lately は「ここのところ」。
10.	風鈴の音がさわやかだ。	The sound of the Japanese wind chime feels refreshing. refreshing は「さわやかな、すがすがしい」。

Lalaは浮き輪の中で寝そべっています。
Lala is lying inside a float.

199

September

9月

① 満月　f　　m

② 月見　m　　-v

③ ススキ
　　J　　　　p
　　g

④ 虫の音　i　　　c

⑤ 団子　d

⑥ ナシ　J　　　　p

⑦ サツマイモ　s　　p

⑧ クリ　c

⑨ 縁側（J　　　）p

⑩ 敬老の日
　　R　　f　t
　　A　D

October

10月

⑪ カキ

   (J   ) p

⑫ 夕焼け s

⑬ ハイキング h

⑭ 水筒 w   b

⑮ 落ち葉 f   l

⑯ ドングリ a

⑰ ウインドブレーカー

   w

⑱ トンボ d

⑲ ブドウ狩り g   - p

⑳ 行楽シーズン

   t   t   s

Answers 🎧 097

❶ 満月	full moon		「半月」は half moon、「三日月」は crescent moon。
❷ 月見	moon-viewing		
❸ ススキ	Japanese pampas grass		pampas は「パンパス（南米、特にアルゼンチンの大草原）」。
❹ 虫の音	insects chirping		chirp は「（虫・小鳥が）リンリン［チュンチュン］と鳴く」。
❺ 団子	dumplings		
❻ ナシ	Japanese pear		日本のナシは洋ナシと異なるので、Japanese を付けます。
❼ サツマイモ	sweet potato		
❽ クリ	chestnuts		
❾ 縁側	(Japanese) porch		porch は「家の玄関口や1階から張り出した屋根付きのスペース」を指します。
❿ 敬老の日	Respect for the Aged Day		respect for 〜で「〜への尊敬、敬意」、the aged は「高齢者」。
⓫ カキ	(Japanese) persimmon		
⓬ 夕焼け	sunset		sunset は「日没、夕焼け」。
⓭ ハイキング	hiking		
⓮ 水筒	water bottle		
⓯ 落ち葉	fallen leaves		fallen は「落ちた」。
⓰ ドングリ	acorn		
⓱ ウインドブレーカー	windbreaker		
⓲ トンボ	dragonfly		「赤トンボ」は red dragonfly。
⓳ ブドウ狩り	grape-picking		pick 〜は「（花・草・果物など）を摘む」。「イチゴ狩り」は strawberry-picking。
⓴ 行楽シーズン	the tourist season		tourist は「旅行者、観光客」。

Collocation Quiz 🎧 **098**

1. 満月を眺める　　　　　**look at the** full moon

2. 虫の音が聞こえる。　　**I can hear** insects chirping.

3. 月見団子を供える　　　**offer** moon-viewing dumplings
   「〜を供える」は offer 〜。

4. ナシは今が旬だ。　　　Japanese pears **are now in season.**
   in season は「(食べ物が) 旬で、食べ頃で」。

5. 縁側で中秋の名月を　　**enjoy the harvest moon on the** porch
   楽しむ
   「中秋の名月」は「収穫期 (harvest) の月」と呼ばれることが多いです。

6. カキの木がたくさん　　The persimmon **tree has a lot of fruit.**
   実をつけている。

7. 夕焼けを撮影する　　　**capture the** sunset
   capture 〜は「(写真や映像) を撮る、捉える」。風景や瞬間を捉えるときに使
   えます。

8. ドングリを拾う　　　　**pick up** acorns

9. ブドウ狩りに行く　　　**go** grape-picking

10. 行楽シーズンに家族で　**In** the tourist season, **we go** hiking **as a family.**
    ハイキングに行く。

Lalaは満月を眺めています。
Lala is looking at the full moon.

203

November
11月

1 星座　c

2 流れ星　s　　　　　s

3 山脈　m　　　　　r

4 天体観測　s

5 望遠鏡　t

6 グランピング　g

7 ワインオープナー　c

8 バーベキュー　b

9 モミジの葉　m　　　l

10 イチョウの葉　g　　　l

December

12月

⑪ 街路樹　s　　　t

⑫ イルミネーション

　i

⑬ クリスマスツリーの飾り

　C　　　t

　d

⑭ 大通り　m　　　s

⑮ ローストビーフ　r　　　b

⑯ マッシュポテト

　m　　　p

⑰ オープンテラス　o　　　t

⑱ カップル　c

⑲ ワイシャツ　d　　　s

⑳ ブレザー　b

Answers 🎧 099

❶ 星座	constellation	
❷ 流れ星	shooting star	meteor とも言い、Leonid meteor shower だと「しし座流星群」となります。
❸ 山脈	mountain range	range は「範囲、連なり、山脈」。
❹ 天体観測	stargazing	star（星）と gaze（じっと見つめる）が組み合わさった言葉です。
❺ 望遠鏡	telescope	
❻ グランピング	glamping	「設備が整えられたキャンプ」を指す glamping は glamorous camping の略です。
❼ ワインオープナー	corkscrew	「（ワインなどのボトルの）コルク栓抜き」のことです。
❽ バーベキュー	barbecue	
❾ モミジの葉	maple leaves	モミジは日本特有の呼び方で、植物学上は「カエデ」(maple)。
❿ イチョウの葉	ginkgo leaves	gingko とつづられることもあります。
⓫ 街路樹	street trees	
⓬ イルミネーション	illuminations	
⓭ クリスマスツリーの飾り	Christmas tree decorations	
⓮ 大通り	main street	
⓯ ローストビーフ	roast beef	
⓰ マッシュポテト	mashed potatoes	mashed は「（食材など）をつぶしてどろどろにする」という意味の mash の過去分詞形。
⓱ オープンテラス	open terrace	
⓲ カップル	couple	
⓳ ワイシャツ	dress shirt	ワイシャツは和製英語。ネクタイを締められるタイプのシャツ全般をこう言います。
⓴ ブレザー	blazer	blazer は主にカジュアルな場で着ることを目的としたジャケット。

Collocation Quiz 🎧 100

1. 昨日、流れ星を見た。　　　**I saw a** shooting star **yesterday.**

2. 日本には山脈が多い。　　　**In Japan, there are many** mountain ranges**.**

3. 望遠鏡で星を観察する　　　**observe stars through a** telescope
「望遠鏡で」は with a telescope と表してもいいです。

4. 今週末、友達と　　　　　　**This weekend, we're going** glamping **with**
　グランピングに行く。　　　**friends.**

5. バーベキューをする　　　　**have a** barbecue

6. 有名なイルミネーション　　**go see some famous** illuminations
　を見に行く　　　　　　　　特定の季節やイベントで行われる、有名なイルミネーションを見に行く際
　　　　　　　　　　　　　　に使える表現です。

7. 大通りがにぎわっている。　**The** main street **is busy.**
　　　　　　　　　　　　　　busy は「(場所が) 人や車でいっぱいである、にぎやかな、活気がある」。

8. ローストビーフと　　　　　**a good dinner of** roast beef **and** mashed
　マッシュポテトの　　　　　potatoes
　おいしいディナー

9. オープンテラスのある　　　**choose a restaurant with an** open terrace
　レストランを選ぶ

10. レストランはおしゃれな　　**The restaurant is filled with stylish** couples**.**
　　カップルでいっぱいだ。　be filled with 〜で「(容器・場所などが) 〜でいっぱいだ」。

Lalaは大通りを歩いています。
Lala is walking down the main street.

Index

本書のAnswersに掲載した単語や表現を五十音順にまとめました。
単語・表現の後の数字は掲載されているページ数を示しています。
なお、冒頭にカッコのある単語・表現はカッコ内の最初の文字のところにあります。

例：（電車の）路線図 → て の欄

絵トレ英単語1000＋

発行日　2024年1月24日（初版）
　　　　2024年6月11日（第2刷）

企画・編集：株式会社アルク 出版編集部
絵：田中麻里子

校正：熊文堂、Peter Branscombe、Margaret Stalker
デザイン：山口桂子（atelier yamaguchi）
ナレーション：Howard Colefield、Kristy Kada、Julia Yermakov
録音・編集：株式会社ジェイルハウス・ミュージック
DTP：株式会社創樹
印刷・製本：シナノ印刷株式会社

発行者：天野智之
発行所：株式会社アルク
　　　　〒141-0001 東京都品川区北品川6-7-29 ガーデンシティ品川御殿山
　　　　Website：https://www.alc.co.jp/

落丁本、乱丁本は弊社にてお取り替えいたしております。
Webお問い合わせフォームにてご連絡ください。
https://www.alc.co.jp/inquiry/

地球人ネットワークを創る

アルクのシンボル
「地球人マーク」です。